防衛大流
最強の
リーダー

濱潟好古
Hamagata Yoshifuru

幻冬舎

はじめに

私は幹部自衛官を育成する目的で創設された防衛大学校（以下防衛大）を卒業した。防衛大は神奈川県横須賀市の小原台という高台にあり、そこでは総勢2000名前後の学生が生活している。

一般大学は文部科学省の所轄だが、防衛大は防衛省の所轄となる。身分も学生ではなく特別職国家公務員だ。一般大学同様の教育課程以外に訓練課程がある。各学年全員が同じ訓練を行う「共通訓練」と、2学年において陸上・海上・航空要員に区分された後に行う「専門訓練」がある。

一般大学との大きな違いは、そのキャンパスライフにある。

まず、防衛大は完全全寮制だ。土日以外は外出できない。校内では指定された制服、作業服を着て過ごす。外出時の服装は制服であり、外出前には制服の服装点検がある。その点検に合格しなければ外出することはできない。

さらに防衛大では、次ページのような「学生綱領」がある。

防衛大学校学生綱領

「廉恥」「真勇」「礼節」

国家防衛の志を同じくしてこの小原台に学ぶ我々は、

我々の手によって学生綱領を定めた。

その目指すところは

常に自主自律の精神をもって自己の充実を図り、

厳しい徳性のかん養に努め、

もって与えられた使命の完遂に必要な

伸展性のある資質を育成するにある。

我々は、

誠実を基調としてこの綱領を実践し、

輝かしい防衛大学校の伝統を築くことを

期するものである。

将来の幹部自衛官を目指し、防衛大生はこの学生綱領を胸に1学年から4学年まで集団生活を送る。その生活は分刻みで管理され、軍隊さながらの過酷さだ。

防衛大を卒業後、私は海上自衛隊幹部候補生学校を経て一般企業に就職した。

自身のチームを持ったころ、リーマンショックが起きた。業績を維持するだけでも精一杯で部下の士気も低い。そこで力になったのが防衛大の「リーダーシップ」だった。

防衛大では徹底して「リーダーとはかくあるべき」という哲学や所作を叩きこまれる。その厳しさに耐えきれず自主退校者も出るが、生き残った者たちはみな各分野で強烈なリーダーシップを発揮する。私は防衛大流のリーダーシップをメソッド化し、部下育成に使用してみた。結果、逆風の中で会社全体の売上を160％アップさせ、全ての営業担当に目標予算を達成させることに成功した。

そこで本書では、防衛大流リーダーシップを6つの力に分け紹介する。一見過激に見えるが、その内容は一般企業でもすぐに実践できるシンプルなものばかりだ。

ぜひ本書を参考にし、あなたの組織そしてあなた自身を力強く成長させていってほしい。

濱潟好古

防衛大流　最強のリーダー　目次

2 原則力——ビジョンが生んだルールは強い

3 評価力――役割への絶対評価がやる気を生む

4 伝達力——「伝えたか」ではなく「伝わったか」

5 成果力——チームが最高の戦力を発揮する仕組み

23

何が起きても、やりきれ

24

1人の人間として部下と向き合え

25

生きたマニュアルをつくれ

6 自動力——部下が自ら動き続ける装置をつくれ

31 継続こそが力なり

装幀　小口翔平＋喜來詩織
(tobufune)
編集協力　福島茂喜＋田川妙子
(アイ・ティ・コム)
DTP　美創

1

信頼力

自己保身は最弱のリーダーをつくる

01

ウソをつくな、言い訳するな、仲間を売るな

自己保身しないリーダーの3条件

防衛大の3大ルールは信頼の基本

防衛大は4学年から1学年までの完全縦割り社会で、軍隊に近しい徹底された規律の下、将来のリーダーを育てるべく徹底的に鍛えられる。総勢600名の1学年は4月1日が着校日となるが、初日に4学年に指導されている2学年の姿を見て驚いたことを、つい昨日の出来事のように思い出す。

4月5日の入校日までは「お客さま期間」と言われ、実際の防衛大での生活を体験する。新1学年は「防衛大で生活していけるかどうか」をこの5日間で見極められるわけだ。つい最近までぬくぬく生活していた私にとって、防衛大での生活は本当にインパクトのあるものだった。結果的にこのお客さま期間で、30名前後の1学年が入校前に退校した。

お客さま期間が終わり、晴れて防衛大の学生となった4月5日の夜に、上級生から言われた内容は15年以上たった今でも忘れない。

「集団生活を行うにあたってのルールを説明する。

1つ、ウソをつくな、2つ、言い訳するな、3つ、仲間を売るな。

以上を破ったときは厳しく指導する」

この3つに共通していることは**「保身に走るな」**ということだ。幹部自衛官になると、国家防衛、災害派遣、人命救助と、自分のことよりも優先しなくてはならないことは山ほどある。将来、幹部自衛官になり、有事の際に「保身に走る」ような行動を取られては困るというわけだ。

「保身」とは自分の地位、名誉、安全を守ること。ウソをついて自分の地位を守ったり、言い訳して名誉を守ったり、仲間を売って自分の安全を守るような行動は、厳しく指導される。

基本的にこの指導に発展するのは、ルールを破ったとき、手を抜いているとき、こちらに落ち度があったときだ。防衛大での私の経験を例に挙げてみよう。

容儀点検で試された「仲間を売るな！」

防衛大には「容儀点検」という服装の点検がある。防衛大生は起床後は「制服」に、課業が終わると「作業服」に着替える。

1学年はこの制服と作業服の容儀点検がほぼ毎日ある。制服の点検項目は、プレス（アイロンがけ）、靴磨き、襟章磨きで、シワ一つでもあれば不合格となる。

一番厄介な項目は「着こなし」だった。防衛大の「着こなし」とは、後ろからつまむことができないほど、作業服や制服の背中の部分をピンと張らせることを言う。普通に生活していて、靴を履いたり、しゃがんだりすれば、ズボンに入れていた服は出てしまう。それが駄目だ、という厳しいルールだ。おまけに、この着こなしは2人がかりでなければ完璧にはできない。

容儀点検の際、1学年は横1列に並ばせられる。そして、点検官である上級生より厳しく点検される。不備事項があると、「靴の磨き不備！」「着こなし不備！」「プレス不備！」などと上級生から大声で判定を下され、対象学生は大声で「靴の磨き不備っ」と不備事項を復唱する。

ただ不合格を言い渡されるだけならまだいいが、その際に必ず上級生から指導が入る。「そんな着こなしで合格できると思ったか？　何で着こなしが崩れているんだ？」

これに対し「時間がありませんでした」とか「しゃがんだとき崩れました」とか、言い訳をすると即アウトだ。「言い訳するな！」とさらに厳しく指導される。一番つらかったのは「誰に着こなししてもらったんだ？」という質問だった。ここで「○○学生（防衛大では公の場では名字の下に学生をつける）に着こなしをしてもらいました」などと言おうものなら「仲間を売った」「保身に走った」と烈火のごとく指導される。そして、目の前で「○○学生」も指導されるのだ。現在の防衛大ではないようだが、私が在籍していたころは多少体罰指導もあった。自分が仲間を売ったせいで、その「○○学生」が罰として目の前で腕立て伏せをさせられたこともあった。自分が体罰を受けるのであればまだ納得もできるが、自分のせいで仲間が体罰を受けている姿を見るのは本当につらかった。

こうして防衛大生は「保身に走る」とどうなるかということを徹底的に叩き込まれる。

自己保身しないことで信頼を得る

防衛大を卒業後、幹部候補生学校を経て、私は一般企業に入社した。6年目には管理職になり部下を持つ立場となった。

管理職になったばかりのころ、入社1年目のIさんがお客さまから大クレームをもらった。上司の私が別件で客先打ち合わせ中だったので、他の先輩社員にどのように対応するか確認したそうだが、「クレーム？　僕が行かなければならないこと？　今、別件で忙しいから対応できない。とりあえず謝罪してうまくやっておいてくれ」と言われたという。

打ち合わせが終わり、その部下からの着信に折り返し連絡したところ、その部下は「ご迷惑をおかけして申し訳ございません」と私に謝ってきた。

一刻の猶予も許されないし、そもそも1年目の部下だ。彼にクレーム対応はできないと思った。そこで、自分自身のタスクはいったん後回しにし、「今すぐ一緒に謝罪に行く」と一言だけ告げた。

一緒にお客さまのところへ行き、クレームの理由、事の背景を伺い、心からの謝罪とトラブルの対処についてできる限りの話をした。途中、「御社の社員教育はどうなっているのですか？」と厳しいお言葉もいただいたが、それに対しても一切言い訳はしなかった。言い訳をするとどうなるかは、防衛大で痛いほど経験したことだ。そもそも言い訳をしたところで、トラブルは解決しない。

その後、クレームは無事に落ち着いた。本来クレームから得るものではないが、とても良いことが2つ起こった。

まず1つ目はその後、このお客さまとの関係がとても良くなったことだ。下手な言い訳をしたり、トラブルを他の誰かのせいにしたりしていたらこのような関係は構築できなかっただろう。後日先方と何回か飲みにも行ったが、あのときの私の行動に対して「とても潔かった」とすら言われた。

そして2つ目は、クレームをもらったIさんが当時の私の行動に感化されたのか、自分にも後輩社員ができたときに同じ行いをその後輩にしたことだ。後輩社員はIさんのことをとても信頼していたし、尊敬もしていた。

お客さまからのクレームは誰でも嫌だ。逃げ出したくなるときもあるだろう。だが、そういったときこそ「保身に走るな」を肝に銘じたい。部下のことなら猶更《なおさら》だ。自分のことはさておき、部下が困っていれば、それは全力で対応する必要がある。自己保身に走れば、その瞬間には自分自身は守れても、長期的に、かつトータルで見れば、信頼は必ず失われる。

後に私が会社を辞めて独立するとき、当時大クレームを引き寄せたIさんに言われたリーダー冥利に尽きる一言が今でも忘れられない。

「自己保身に走らないリーダーに、私もなります」

02

戦場だったら
全員
死んでるぞ

誤った指示を出したらみんな死ぬ

「パレード訓練」で試された統制力

防衛大にも一般大学同様に学科の授業がある。ただ、一般大学と違い、バラバラで教場に向かうのではなく、教務班と呼ばれる30名前後の学科ごとに隊列を組み、行進をしながら各教場へと向かう。これは課業行進と言い、週替わりで「教務班長」が「前へ進め」「縦隊止まれ」「右向け止まれ」といった号令をかけ教務班を統制しながら教場まで引率する。腕振りや足並みがバラバラだと、当然、上級生から厳しく指導される。

防衛大では頻繁にパレードもあるので、課業行進はその訓練も兼ねてのものだった。そして月に数回、教務班ごとに「パレードの練達度」をチェックする訓練が行われる。この練達度チェックで一定の点数を取れなかった教務班には補備訓練が待っている。

私も数回、教務班長を務めた。初めて教務班長になったときにこの「練達度チェック」があったが、ものの見事に補備に引っかかった。初めてだったこともあり、その際は上級生からのお咎めもさほどなかった。しかし、事件は次の練達度チェックのときに起こる。

次の教務班長も、私のときと同じ指摘事項で補備に引っかかったのだ。1回目はさておき、2回目ということ、さらには全く同じ指摘事項ということで点検官は激怒した。

私とその教務班長は呼び出されて点検官に言われた。

「お前らの班は戦場だったら死んでるぞ！

次、同じことを指摘されたらどうなるか分かっているな！」

ただただ、震え上がった。今思えば、私もこの教務班長も、指摘事項を改善するという意識が低かったのだ。結果として、2週連続で補備訓練に時間を取られてしまい、教務班員全員の時間を奪うことになってしまった。

一般企業で言うと、「リーダーが誤った指示を出したせいで、部下はしなくてもよい残業を夜遅くまでしなくてはいけなくなった」ということと同じだろう。

教務班長とは教務班を統制するリーダーだ。この事件で学んだことの一つは「リーダーが、指摘されたことを改善せずに誤った指示を出し続けると、とんでもないことになる」ということだ。我々教務班長は、間違った指示を出さないよう、教務班員全員で求められる練度に達するために何度もパレードの自主訓練を行った。

最終的には練達度チェックの回数が増すごとに、求められるレベルをクリアしていき、補備訓練に引っかからないようになった。

リーダーは的確な指示を出し、落ちこぼれをつくらない

そもそもリーダーの仕事とは「部下のポテンシャルを最大限に引き出し、部下の力を借りて、組織として最高のアウトプットを出すこと」だ。これはリーダーになった人間の責任でもある。

リーダーが誤った指示を出し続ければ、そのチームは最高のアウトプットを出すことはできないし、部下のポテンシャルも引き出すことなどできない。

先のパレード訓練もそうだ。教務班長というリーダーが誤った指示を出したせいで、教務班員全員が補備訓練に引っかかった。リーダーが的確な指示を出していればこのような補備訓練などなかったのだ。

とは言っても、リーダーでも誤った指示を出すときはある。出した指示が全て正しければ、極論を言えば、今ごろ全てのリーダーが上場企業の社長になっているだろう。上場企

業の社長ですら、もしかしたら誤った指示を出すことがあるかもしれない。

ここで大切なことは、同じような誤った指示を複数回出さないということ、出し続けないということだ。リーダーも人間だから、誤った指示を出すときがあるかもしれない。いつもうまくリードはできないかもしれない。だが、誤った指示を出して求めるような結果が出なければ、素直にミスを認め改善し、次に活かすことが重要だ。

10年で3％の会社しか生き残れないと言われている。

リーダーは生き残るために戦い続けなければならない。

「戦場だったら死んでいる」

生き残りが厳しい現代社会において、生き残るためにはリーダーは最大限の力を発揮しなければならない。そのための必要最低条件が「誤った指示を出し続けない」ということなのだ。

03

否定するな

魅力あるリーダーは部下を否定しない

ドラゴン部屋長の教え

防衛大に入校して3カ月もたつと、学生の間にも能力の差が出てくる。防衛大では、優秀な学生は「デキっ子」と呼ばれ、劣等生は「ダメっ子」と呼ばれる。「デキっ子」は上級生からほとんど指導されない。片や「ダメっ子」は「靴の磨き方が下手」「プレス（アイロンがけ）ができていない」「清掃が遅い」などなど、指導ばかりされる。

私は「ダメっ子」の部類だった。自分でも「何をやってもダメだ」と半ば諦めから来る自己否定を常にしていた。しかし、そんなマイナスな考え方は「ドラゴン部屋長」との出会いでなくなった。

「ドラゴン」というのは、防衛大を4年で卒業するところを留年して5年在籍している留年生のことで、留年の「留」を「龍」にかけてそう呼ばれていた。防衛大は完全縦割り社会なので4学年もドラゴン部屋長には気を使い、敬語で話す。ちなみに、二度留年すると強制的に退校処分となってしまう。

防衛大では、1年を前・中・後期に分けて、期が変わるときに部屋変えが行われる。4学年1名、3学年1名、2学年2名、1学年2名の6人部屋が私のころは標準だった。

私の1学年時の中期と後期の部屋長が、ドラゴン部屋長だった。

いつも1学年を厳しく指導している4学年でさえ一目置いているドラゴン部屋長に、初めは正直ビビったが、実際接するととても優しい人だった。そればかりか、下級生の教育方法やプライベートの悩みなど、ドラゴン部屋長の意見を求めて他の部屋から多くの4学年が訪れるほど人望の厚い、信頼されている人だった。

毎日、上級生から「ダメっ子」と呼ばれ続ける私にも気を使ってくれる。

ある日、そんなドラゴン部屋長が私に話しかけてきた。

出身地、高校時代の思い出や趣味までと話は多岐にわたった。

そして、最後に「防衛大生活はどうだ？」と今の心境を聞かれた。私は、

「自分はダメっ子ですから、何をやってもダメなんです」

と自分がいつも思っていたことを瞬間的に、かつ軽い感覚で答えた。

すると、それまで優しかったドラゴン部屋長は突然顔色を変え、私を叱りつけたのだ。

「お前はバカなのか！　自分を否定する前にやるべきことはたくさんあるだろ！」

予想だにしなかったドラゴン部屋長の言葉に、私は驚いた。

私は心のどこかで、「そんなことないよ。大丈夫だよ」という優しい言葉で慰めてもらえると、ドラゴン部屋長に甘えていたのだ。そして、最後にこうも言われた。

「自分を否定するのもナンセンスだし、人を否定するのもナンセンスだぞ」

確かにドラゴン部屋長が自分自身を否定しているのも、人を否定している姿も見たことは一度もなかった。

自己否定は百害あって一利なし

ドラゴン部屋長に注意された次の日から自己否定は一切捨て去った。そして、何をやるべきかを考え、自分が決めたことを全力で実践していくことに決めた。

日朝点呼の集合で「遅い」と言われないよう、前日に万全の準備をしてから寝るようにした。「靴が汚い」と言われないように、靴を磨く時間を確保するよう心がけた。防衛大での生活力を上げるために、やるべき努力を全力で行った。

その結果、上級生からの注意や指導はぐんと減り、時折、「頑張っているな」と褒められるようにもなったのだ。

まさか防衛大生活で褒められることがあるとは思いもせず、褒められたときは心の底からうれしかった。

「自己否定の前にやるべきことをやれ」「自分も他人も否定するな」

このドラゴン部屋長の教えは今でも守っている。

感情を読み取り、状況は客観的に把握する

ドラゴン部屋長は本当に魅力があり、人を惹きつけるリーダーだった。いつも部屋の下級生の感情に焦点を当てて、接してくれていた。部屋っ子（部屋員）の1人が暗そうにしていたら「どうした？　何かあったのか？」と聞き、部屋っ子が上級生から褒められたときは自分が褒められたように喜んでいた。私が褒められるようになり調子に乗っていたら「調子に乗るな」とお灸をすえられたこともある。

部屋っ子の悲しみは自分のことのように悲しみ、部屋っ子の喜びは自分のことのように喜んでいた。

下記はドラゴン部屋長から学んだことだ。

人を惹きつけるリーダーは、決して自己否定も他者否定もしない。人を惹きつけるリーダーは部下にすら自己否定をさせない。人を惹きつけるリーダーは部下の感情に焦点を当てコミュニケーションをはかる。

仕事というものは、自分が思っている通りにうまくいくことはなかなかない。全てうまくいくのであれば、倒産する会社など生まれないだろう。常にトライ・アンド・エラーの連続が仕事だ。100%思い通りにいかなかった結果に対して、自分を否定したり、周囲を否定する時間ほどもったいないものはない。「否定する前にやるべきこと」がある。「お客さまへのアプローチは正しかったか」「部下に対しての発言は正しかったか」「もっとうまい時間の使い方はなかったのか」「準備は万端だったか」など、自分自身の行動内容を振り返り、正しい行動だったかを考え続け、改善の余地があればすぐに修正すればよいのだ。

さらに、リーダーになると自分のことだけでなく部下の感情にも焦点を当てる必要がある。私が初めて管理職になったとき、自分に自信が持てずに自己否定ばかりする部下がいた。仕事がうまくいかず、落ち込んでばかりいる部下もいた。そんなときこそリーダーは、部下の感情に焦点を当てて、客観的に状況を把握し、共に対応策を考えなければならない。決して、部下を否定してはいけないし、部下に自己否定をさせてはいけない。先にも述べたが、リーダーの仕事は「部下のポテンシャルを最大限に引き出し、部下の力を借りて、組織として最高のアウトプットを出すこと」だ。否定をしても部下のポテンシャルを引き出すことなどできはしない。

そして、部下の感情を読み取ると同時に、仕事の状況を把握することも大切だ。今の仕事はオーバーワークなのか、やり方がまずくてテンパっているのか、暇を持て余しているのか、などといった部下1人ひとりが仕事で抱えている状況を把握しよう。部下の感情と仕事の状況というのは切っても切り離せないものだ。客観的な状況と感情の把握ができれば「やり方の改善」も自ずとできてくる。

自分や部下を否定しているヒマがあったら、やり方を改善し続ける。それが、チームとして最高のアウトプットを出すことにつながるのだ。

04

部下を見捨てるな

目の前の部下の教育を怠るな

部下のやる気は数値化しろ

仕事を共にする部下の中には、いろいろな性格の人がいる。意識の高い人もいれば、低い人もいる。現在リーダーの立場にある方だったら、頭を悩ましたことが一度はあるのではないだろうか。

そのやる気も、数値化するとはっきりと見えてくる。

例えば、目標数値を決める話し合いのとき、10人のチーム全体で１０００万円の利益を目標として決めたとする。そのとき、意識の高い人は「では、私は３００万円の利益を上げます」「私は２００万円でいきます」などと積極的に言うものだが、意識の低い人は、「じゃあ、まあ、50万円ぐらいってとこですかね、私は」などと言う。

そういうとき、私は息もつかせず、「なるほど、あなたは50万円なので、チームへの貢献度は５％ということだね。10人いるのだから、１人およそ10％は貢献してもらいたいのだけど、君は５％が限界かな？」と、はっきり数値化して確認する。

すると、「あ、いえ、では10％頑張ります」などと、自分の低い数値目標を撤回することが少なくなかった。

また、やる気はあるけれど、なかなか成果が上がらない部下もいる。彼らはやる気があるから「来月は頑張ります」「残り5営業日頑張ります」と「頑張ります」を多発する。

この「頑張ります」に安心してはいけない。この「頑張ります」すらも、全て数値化するのだ。つまり、「何をどれくらいいつまでに行動するのか」ということだ。営業担当だったら、「先月は30社のお客さまを開拓して3件の成約でしたので、今月は60社のお客さまを開拓して6件成約します」といった具合だろうか。そして、成果が上がっていない部下にはとことんマンツーマンで一緒に考えていこう、というスタンスで臨むことをお勧めする。

一緒に考え決めていこうというスタンスを取れば、チームの1人ひとりに対して、「俺はお前を絶対に見捨てない」という気持ちが伝わりやすくなる。部下任せにしたり、突き放してしまうと、部下が何を考えているかも分からなくなり、結局、リーダーである自分の足も引っ張られることになる。そうなると本末転倒だ。しつこいようだが、リーダーの仕事は部下の力を借りて組織として最大のアウトプットを出すことだ。

気合や根性ですら数値化する習慣が部下全体につくと、チーム全体の空気も良くなる。そして、仮に思ったような成果が出なかったとしても数値化した行動内容に焦点を当てて、次のアクションプランを考え、実行することができる。

部下教育に数値化は欠かせない。

強いチームも目の前の部下の教育から

とはいえ、5、6人から10人くらいのチームなら可能だが、100人、1000人の会社になっていくと、部下1人ひとりと向き合うような教育もなかなか難しくなる。だからこそ、「目の前の部下」にリーダーは全力で向き合い、同じようなマインドをどんどんつくって浸透させ、広げていかなければならない。同じマインドの部下が増えるとリーダーシップも発揮しやすくなるし、チーム全体の空気も良くなり、何よりも一枚岩のチームに近づく。

私が在籍していたころの防衛大では部屋の人数の最小単位が5～6人だった。これは、しっかり目の前で見て、行動だけでなく、感情まで把握できる人数を考慮していたのだと思う。

また、防衛大と違って、会社ではチームで寝起きを共にしているわけではないので、日中仕事をしている姿しか分からないと思う人もいるだろう。

だからこそ、目の前の部下のマインドにおいても、技術においても、考え方においても、それらを力強く高めていくリーダーシップが必要となる。

最初のうちは、このような部下教育に相当な時間を要する。しかし、時間がかかるからといって目の前の部下の教育を怠っては絶対にいけない。

とはいえ、リーダーが部下を絶対に見捨てないと思っていても、箸にも棒にもかからない部下はいるものだ。真面目だけれど自信が持てない部下には、じっくり時間をかけて自信が持てるだけの実績をつくれるように教育していけばいいが、もし、不真面目でやる気のない部下であれば、向き合う教育というよりも、チームとしての仕組みを変えていったほうが賢明な場合もある。

いずれにしても、他の人と比べることなく、「自分は周りに比べるとちょっと劣っているな」ということを分からせるシチュエーションに置き、自分自身で悟らせる教育も必要だろう。

05

背中で見せろ

やってみせ、言って聞かせて、させてみせ、褒めてやらねば、人は動かじ

下級生に教えられたリーダーの姿

防衛大には「対番制度」というものがある。1学年1人に対して、2学年1人が教育係として付く。教育する2学年を「上対番」と呼び、そして教育される1学年を「下対番」と呼ぶ。「下対番」が防衛大のルールを破ったり、ミスを犯したりすると教育係である「上対番」の責任にもなり、下対番同様に指導される。防衛大では基本的に連帯責任だ。

私も2学年になったときに「上対番」として1学年を教育した。私が担当した下対番は私の1学年時と違い、本当に優秀だった。私の教育など必要ないのではと思ってしまうほど「デキっ子」だった。ありがたい限りである。ちなみにその下対番とは卒業して10年以上たっている今でも連絡を取り合っているし、たまに会う関係だ。「対番関係」とはそれほど密なものなのである。

私が3学年に進級したばかりのころの話だ。下級生である2学年たちは晴れて教育係で

ある「上対番」になるということで気合十分であった。同じ小隊の2学年であるT学生もその1人だった。

しかし、T学生が担当した下対番はまるで1学年時の私のような「ダメっ子」であった。ぐちゃぐちゃな服装で廊下に出て上級生に指導され、集合時間に遅れてまた指導されといった具合だ。そのたびにT学生は3学年や4学年に呼ばれて連帯責任で指導される。ただ、T学生は常に前向きだった。下対番にも丁寧に教育していた。アイロンがけや着こなしといったものも、いつもまず自分が手本を見せていた。下対番がきつそうにしているときは常に対話をしていた。そして、何よりもどんなに下対番がミスをしても一切責めなかった。

そんなある日、T学生の下対番がありえないくらい汚い服装で点呼に集合した。洗濯したばかりかというくらいのしわくちゃな作業服だった。これには、さすがの上級生もかんかんだ。点呼後、T学生は数名の上級生に呼ばれ怒声を浴びせられながら指導された。そして、責任追及もされたのである。

「お前、どうやってこの下対番の責任を取るんだ?」

そのときのT学生の回答を今でも忘れない。

「下対番が容儀点検に合格するまで私も下対番と容儀点検を受け続けます」

通常であれば、「今後このようなことがないように下対番をしっかりと教育します」「今後このようなことがないよう下対番に服装の重要性を伝えます」といった回答がほとんどだが、T学生は違った。下対番が合格するまでとことん付き合うという教育者としての覚悟を見せた。

それを聞いたT学生の下対番は泣いていた。

そして、翌日からT学生は下対番と共に容儀点検を受け続けた。2週間後に下対番は初めて容儀点検を合格し、晴れてT学生への容儀点検もなくなった。

私は3学年でT学生は2学年だった。T学生は下級生だったが本当に素晴らしいと思った。T学生からリーダーの本質を教えてもらったような気がしている。その後、T学生の下対番は見違えるほどの「デキっ子」に変わっていった。

「ダメっ子」を「デキっ子」に変えたリーダーの背中

自衛隊の教育方針にも使用されることがある山本五十六（連合艦隊司令長官）の名言に次のようなものがある。

「やってみせ、言って聞かせて、させてみせ、褒めてやらねば、人は動かじ」

リーダーはまずはやってみせる必要がある。背中で見せる必要がある。T学生はまさに「やってみせ」であった。自分も同じようにやってみせ、そして「ダメっ子」であった下対番を「デキっ子」に変えていった。

リーダーとして一つの組織を任せられたとき、必ずしも全ての部下が優秀であるとは限らない。いつもいつも問題を起こす部下がいるかもしれない。周囲とうまくコミュニケーションが取れない部下がいるかもしれない。全く自分に自信を持てない部下がいるかもしれない。成果が上がらない部下がいるかもしれない。

そんな部下に対して、リーダーが最初にやることがある。

それは自分の「時間」と「労力」を使ってとことんまでやってみせることだ。

私はこれをT学生から学んだ。

言葉の前に行動を見せ続けるリーダーの下で育った人材は成長し続ける。

「部下が分かってくれない」

「部下が思うように動いてくれない」

「時間と労力が無駄になるのは嫌だ」

なんて野暮な愚痴はいったんおいて、リーダーは部下の目の前でやってみせるのが一番なのだ。

06

ダメな上司は最高の教材

最悪のリーダーから学ぶことは多い

理不尽な環境下でできること

目指すべきリーダーから学ぶことは多い。それと同時に「目指す必要がない」リーダーから学ぶことも多々ある。

組織には**「2対6対2の法則」**なるものがある。この法則は防衛大にもあてはまる。上位2割のリーダーは一本筋が通っていたし、圧倒的なリーダーシップを発揮し、下級生からだけでなく同期や上級生をも惹きつける力を持っていた。真ん中6割のリーダーは、良くも悪くも普通にリーダーシップを発揮する人、そして、下位2割はリーダーシップを発揮するどころか、ほぼ理不尽な指導しかせず、組織の害になる人たちだ。

1学年時の防衛大の生活は本当に過酷だった。過酷な環境の中にいるからこそ、筋が通っている上位2割のリーダーと、筋が通らず理不尽なだけの下位2割のリーダーを、自分自身が指導されるという経験を通して分別することができるようになる。

ここで防衛大1学年時の生活を少しご紹介させていただく。

一般大学との決定的な違いは1日のタイムスケジュールである。

私が在籍していたころの起床時間は毎朝6時30分だった。5分以内に日朝点呼が行われ、舎前と呼ばれる寮の前の広場に集合し、春夏秋冬関係なく上半身裸で乾布摩擦を行う。時間に遅れれば上級生から厳しく指導される。ベッドのシーツや毛布は決まった畳み方があり、畳み方を間違えれば窓からシーツや毛布を放り投げられるということもざらにあった。

また、日朝点呼終了後から7時までは朝の清掃である。指定された清掃場所をピカピカにする。7時から7時45分までに食堂で朝食をとる必要があるが、ほとんどの1学年が朝食は5分程度で済ませ、残った時間でアイロンがけ、靴磨きといったことを全て終わらせる。週の初めに行われる容儀点検に不合格になった学生は、この時間に再点検を受ける必要があった。

1学年時は時間をつくるために3歩以上は歩くなと教育される。常に走っていた記憶しかない。

このようなバタバタしている生活の中で感じることがあった。

指導する側も時間を取られているということだ。人を惹きつけるような素晴らしい上級生は、1学年に二度と同じミスをさせないような指導をする。アフターフォローもしっかりと行う。

一方で、下位2割のリーダーは理不尽な指導をして、1学年の時間を奪うことしか考えない。1学年が同じミスをすれば待ってましたとばかりに、また1学年を指導する。延々と1学年の時間を奪うような指導しかしない。

ただ、指導される側の1学年にはこの防衛大の環境や上級生を変えることはできない。「誰から指導されたい」「誰からは指導されたくない」といった選択もできない。

優秀な上級生から指導されるときもあれば、理不尽極まりない上級生から指導されるときもある。

環境を変えられない、選択もできない、このような状況下でも明日は来る。乗り越えていくためには、自分自身の解釈の仕方を変えるしかなかった。常に前向きに解釈し、尊敬できない上級生は全て反面教師として学んだ。

「あぁ、あんなことを下級生にやってはいけないのだな」「あんなことをするから人が離れていくのだな」「あんなことをするから誰からも尊敬されないいんだな」といった具合だ。

「生きる教材」に学ぶ

この考え方は防衛大を卒業後、一般企業でも役立った。

防衛大同様、組織人である以上、上司をはじめとするリーダーを変えることはできない。転職すれば会社を変えることはできるが、転職先にいる上司を変えることはできない。

上司の性格ややり方を変えることは困難である。そんなときは、「反面教師として学んでいる」と捉えることにした。これは本当に役に立つので、皆さんも実践してみてほしい。

反面教師と逆のことを発想すれば、自分自身の理想的なリーダー像をつくり上げることができる。何よりも、客観的に人を見る習慣は自分がリーダーになったときに活かされる。リーダーは感情的に見るのではなく、客観的に部下や組織全体を見なければ最善の決断はできない。そうして魅力あるリーダーになれば、人を惹きつけ組織を動かすことができる。

防衛大や一般企業にいたときの、私の尊敬できる魅力ある上級生や上司、そうでない上級生と上司を対比してみると、次のページのようになる。

魅力あるリーダーは**安定感**がある ↔ ないリーダーは**感情的**になる
魅力あるリーダーは**部下の話を聞く** ↔ ないリーダーは意見を**かぶせる**
魅力あるリーダーは部下に**共感**を求める ↔ ないリーダーは**同調**を求める
魅力あるリーダーは部下に意見を**求める** ↔ ないリーダーは意見を**聞き流す**
魅力あるリーダーは**腹をくくる** ↔ ないリーダーは**言い訳を考える**
魅力あるリーダーは**丸くおさめる** ↔ ないリーダーは**自分が勝とうとする**
魅力あるリーダーは**部下を休ませる** ↔ ないリーダーは**部下をこき使う**
魅力あるリーダーは**権威をふりかざさない** ↔ ないリーダーは**勘違いする**
魅力あるリーダーは**自省する** ↔ ないリーダーは**肩書を気にする**
魅力あるリーダーは**投資**をする ↔ ないリーダーは**浪費**をする
魅力あるリーダーは**ブレない** ↔ ないリーダーは**ブレる**

自分が目指すべきリーダー像は、ひどいリーダーに出会ったときにこそはっきりとしてくる。だから、ひどいリーダーに出会ったら、この上ない良い経験をさせてもらっていると解釈し、反面教師として学んでほしい。

腹を立てたり反発するのは時間の無駄だ。

そして、ひどいリーダーと逆のことを実践してみてほしい。この学び、実践の繰り返しが人を惹きつける一つ上のリーダーの気質を養っていくのだ。

何事も経験だ。リーダーは目の前で起きること、出会う人全てをプラスの経験にしていかなければならない。

ひどいリーダーこそまさに「生きる教材」なのだ。

Column

善く戦う者は、
これを勢に求めて人に責《もと》めず、
故に能く人を択びて勢に任ぜしむ

—— 孫子 ——

意味……性格や能力に関係なく、その人の能力を最大限に引き出し、かつ引き出せる体制を整えることが大切だ

私の所属していた部署は営業部だった。管理職になりたてのころの最初の部下は、とてもではないが営業力が高いとは言えなかった。任せたことを全うできないこともざらにあった。

そんなときに、この言葉と出会った。

部下の性格や能力だけを重視して仕事を任せるのではなく、そのときの部下のモチベーションや、事業部全体の状況を把握、考慮し、各部下に仕事を任せるようにしたところ、結果的に売上が2年で160％アップした。

今でも同じだ。

ただ、何となく仕事を任せるのではなく、そのときの各々の背景やチーム全体の状況を考慮した上で、部下が最大限に力を発揮できる仕事を任せている。全ては組織として最大のアウトプットを出すためだ。

原則力

ビジョンが生んだ
ルールは強い

2

07

明確なビジョンを持て

チームのビジョンと個人のビジョンが一致したとき、チームの成果は劇的に上がる

個人のビジョンをはっきりさせる

組織としての成果を考えたときに一番分かりやすいのは「売上」だ。会社は営利組織なので、それはもちろんのことだと思う。会社のキャッシュがなくなれば社員に給与は払えない。最悪、倒産する。実際に「売上を上げる社員が一番偉い」という方針の下、会社運営をしている社長も多くいる。

ここで大切なことがある。それは、リーダーは部下を売上が上げたくなるようなマインドにさせなければならないということだ。ただ、「売上を上げろ、利益を上げろ、利益率も上げろ」では最初は良いかもしれないが、次第にメンバーは疲弊していく。疲弊すると、上がるものも上がらなくなるものだ。それは絶対に避けたい。

防衛大の同期に、入校する前からファイター（戦闘機のパイロット）になることを夢見ていたF学生がいた。小さいころに映画『トップガン』を見て、ずっと憧れていたそうだ。

幼いころから「ファイターになる」という明確なビジョンを持っていた。他の学生に比べタフであったし、とにかく優秀だった。優秀な成績を修めれば、より自分の掲げているビジョンに近づけるということを知っていたためである。現在、Ｆ学生は優秀なファイターになり世界各国で大活躍している。

このように、自己のビジョンが明確化されていて、そのビジョンに近づくときの人の力はすごいものだ。また、面白いもので、明確なビジョンを掲げている人の周りにはこれまた明確なビジョンを掲げている人が集まるし、影響されてビジョンがなかった人もビジョンを持つようになる。組織としてもとても空気が良くなり、強い組織になる。

誰でも個人のビジョンをチームのビジョンと相乗させることはできる

初めて管理職になったときの部下の１人にリストラを２回宣告されたＫさんがいた。Ｋさんは確かに他の営業担当と比べても売上は低く、交渉の仕方や仕事の進め方など、ストイックさに欠けるところがあった。さらには１００年に一度の経済危機と言われたリーマンショック後である。会社としてもリストラ宣告は苦渋の決断だったと思う。

ただ、ここで彼を見放すのは見捨てることと同じになる。それだけは絶対に避けたいという思いもあり、まずは腹を割って話すことにした。

「会社は好きなのか」「仕事は好きなのか」「プライベートは充実しているのか」といったことから始まり、最終的には「会社を通じてどうなりたいか」という話になった。

そのときにKさんは会社を通じて自分自身がどうなりたいのか、ということを全く考えていなかった。要は明確なビジョンを持っていなかったのだ。ビジョンもなかったし、また、不安という気持ちがどんな気持ちよりも勝っていた。

私は防衛大時代のF学生の話を交えながら、ビジョンを持つことの重要性を彼に話した。その後、Kさんは自分のビジョンを持つ。それは「給料を上げて、外車を買いたい」という物欲だったが、それはそれで全くかまわない。**大切なのは、今自分自身が持っている力を最大化させることだ。**給料を上げるためには、まずは自分自身の売上を劇的に上げていこうという話になり、Kさんは次の日からストイックに営業活動を行うようになった。結果的にKさんの売上は上がり、チームとしても欠かせない存在になっていった。

リーダーはチームのミッションとビジョンを掲げる。その中で部下にもビジョンを掲げさせてほしい。

このチームを通してどうなりたいのか

チームで仕事をするのだから、**「自分はこのチームを通してどうなりたいのか」**ということからビジョンを設定しておくのが最も理にかなっている。部下のビジョンを引き出すこともリーダーの大切な仕事だ。

社員は皆、将来、自分がこうなっていたいという願望を持っている。外車を買いたいとか、家を買いたいとか、自分ファーストの願望があるからこそ頑張れるのだ。ちなみに外車を買いたいと言っていたKさんはもうすでに外車を手に入れている。

これは、組織の永遠のテーマだと私は思っている。

個人が良くなることが、チームが良くなることに通じていて、チームが良くなることが個人の利益にもつながるという相互関係があるのだ。

結局、収入を上げるという目標は会社も個人も共通する分かりやすいものだが、それに付随する社会の役に立っているという満足感もやりがい、生きがいに通じるのである。

そして何よりも大切なことはリーダー自身がそれらの満足感、やりがい、生きがいをどんな状況でも発信し続けることだ。

08

チームの「在り方」を決めろ

環境や土壌が良いところで野菜はよく育つ

「在り方」は「目的・ミッション」、「やり方」は「手段」

研修先の企業などで、よく聞かれる。

「モチベーションの低い部下をどのようにして育成すればよいですか」

ここで言う「どのように」というのは人材を育成するための「やり方」である。要は「手段」のことだ。これもとても大切なことである。

しかし、リーダーには「やり方」を知る前にやらなければいけないことがある。それは、自分のチームの「在り方」を決めることだ。例えば、防衛大という組織の「在り方」は、優秀な幹部自衛官を育成するということである。自衛隊という組織の「在り方」は、国の安全を守るということである。

「在り方」というのは、「目的やミッション」のことである。「何のために、誰のためにこのチームはあるのか」「このチームの目指すところは何なのか」ということだ。

仕事の目的やミッションがあいまいなら、なかなか成果も上がらない。ミッションを別の表現に置き換えるなら「チームや個人の動機」と言ってもいいかもしれない。リーダーも部下もワクワクするようなミッションを設定しなければならない。

リーダーの求めるミッションと、部下の考えているミッションが違えば、一枚岩にはなれない。チームと個人の営業動機が違えば、バラバラになる可能性は高いのである。

例えば、チームとして「お客さま第一主義」というミッションを掲げ、個人が「金持ちになるため」というミッションを掲げれば、うまくいっているときはよいのだが、そうでなくなったときにはバラバラになる。そして、一枚岩になれないと、チームとしての力は低くなる。

そうならないためにも、リーダーはチームとしての「在り方」、つまりミッションや目的といったことをしっかりと決める必要がある。この部分をしっかりと固めると、チーム運営もしやすくなるし、リーダーもリーダーシップを発揮しやすくなる。

植物を例に挙げると、土壌が「在り方」で、肥料をまいたり水をやったりといったことは手段であるから「やり方」になる。腐った土壌にいくら水をやったり、肥料をまいたりしても、なかなか良質な植物は育たない。逆に、良質な土壌にまいた種は、水や肥料をやるとすくすく育つ。

企業でも同じことだ。「在り方」がしっかりとしている企業に入った新人はみるみる育っていく。逆に、「在り方」がしっかりしていない企業に入ると、途中で、何のために仕事をしているのかが分からなくなったり、仕事が嫌になったりする。要は、やりがいがなくなる。仕事が嫌になった部下に「売上を上げろ」「チームのためにできることをやれ」などと言っても、なかなか最大限の力を発揮することはできない。

「やり方」を教えたところで長続きしない。

チームは何のために誰のために存在して、何をもたらすのか、という「在り方」の共通認識がなければ、いつまでたっても一枚岩になれずバラバラのままである。

「在り方」を決めると目標へ向かう力は無限大

チームの「在り方」が決まれば次は部下の「在り方」を決める必要がある。部下の「在り方」とはこのチームを通じて、部下1人ひとりが、何のために誰のためにどのようになっていきたいのか、どのように成長していきたいのか、そして何を得たいのかということだ。

先にも紹介したが、防衛大時代の同期のF学生は、防衛大という幹部自衛官を育成するミッションを持っている組織を通じて自分は立派なファイターになりたいという明確なビジョンを持っていた。そして、戦闘機乗りになるためには自分は防衛大という組織においてどうあるべきなのか、どのような行動をすべきなのか、という自分自身の「在り方」も持っていたのである。最終的に彼は優秀な成績を修めてファイターになっている。

自分の「在り方」を決めると、目標に向かう力はとんでもない強さになるのである。

全ての部下が納得する「在り方」を決める

私が一般企業で初めてリーダーになったときの部下の人数は5名であった。

「このようにしたら成約率が上がりやすくなる」「このようにすればアポイントを取りやすくなる」「このようにすれば目標達成できる」「このようにすれば……」

リーダーになったばかりの私は部下にこのような話ばかりをしていた。

要は「やり方」の話しかしていなかったのだ。全くと言っていいほど、チームとしての成果は上がらなかった。そんなときに思い出したのが先のF学生であった。

「やり方」よりも、まずは「在り方」を決める。

F学生ではないが、部下1人ひとりがチームの在り方に納得して、個人の在り方を決めれば、それはすごい力になるかもしれないと、正しいかどうか半信半疑で、まずはチームとしての「在り方」を決めようと思った。それも全ての部下が腹の底から納得する「在り方」を、だ。

そして、全員でチームの在り方をとことんまで話し合った。付箋《ふせん》に自分が思う大切なことを書いてもらった。部下が大切にしているものの集合体を在り方として設定したかったからだ。

人は置かれている環境に納得したとき、とんでもない力を発揮する。

当初は、チームでありながら個人プレーばかりで、お互い相手のことは何を考えているか全く分からない者同士といった感じだった。だから、まずは部下たちが何を考えているのかを知りたかった。

「チームとしてどのようにあるべきか」「チームがどのような方向を目指せば、皆も力を発揮できるか」。そして、「このチームのいいところは何だろう」と、必死で考え、部下にも考えてもらった。

そのときに出たチームの在り方、要するにミッションは、

「全てのお客さまに満足され、選ばれ、全ての部下の幸福を追求する」というものであった。会社というものは営利組織である。お金がなくなると、会社は社員の給与を払えない。最悪、倒産するかもしれない。それでは本末転倒だ。お客さまに満足され、選ばれ続ければ会社の収益は上がる。会社の収益が上がれば、部下1人ひとりの自己実現もしやすくなるのである。

チームの在り方を決めた後に、部下1人ひとりがこのチームを通じてどうなりたいのかということもしっかりと話し合い、決めた。

ある者は、「家を買いたいし、外車も買いたい」と言い、ある者は「給与を上げて親孝行をしたい」と言う。

チームのあるべき姿を追い求め続けながら、部下1人ひとりの目指すべき姿も追い求めてもらった。すると、後ろ向きであった部下たちが前向きになり、チームのことも真剣に考えるようになっていった。

そして、最終的には2年間で売上160％アップを達成するチームになった。「やり

方」をいくら言っても、チームとしての「在り方」が決まっていなければ、それは表面的なものとなる。組織の目指す方向、それが「在り方」である。

リーダーは、まずは組織の「在り方」を決めてみてほしい。動かなかったチームも動き続けるチームへと変わるはずだ。

私の部下たちも最終的に、1人ひとりが当時掲げた「なりたい自分」を全て達成した。

当時は「在り方」を決める必要性に半信半疑だったが、今は断言できる。

「チームとしての在り方を決めて、部下のあるべき姿を決めて行動した先には、最高の結果しか待っていない」

09

ルール破りは連帯責任

「時間一つ守れない」社員がいれば、「納期一つ守れない」会社になる

「鍵付き事故」から学んだ連帯責任

2017名からなる完全全寮制の防衛大では学生間の盗難防止を徹底している。貴重品の管理を自分の机で行い、学年に関係なく全員、鍵をかけることが義務付けられる。この鍵をかけ忘れることを「鍵付き事故」と呼ぶ。「事故」と呼ばれるくらいなので、万が一にも鍵をかけ忘れると学年関係なく厳しい指導が待っている。

私は、入校後、4日目にこの「鍵付き事故」を起こした。とんでもないことをしてしまったと、上級生からどんな指導が待っているのかと気が気ではなかったのだが、私への直接的な指導はなかった。

まず、同部屋の私を含む同期4名が上級生の下に呼ばれた。そして、その場で腕立て伏せをやらされた。腕立て伏せの対象は私ではなく、私以外の3名であった。

私はと言うと、罵声を浴びせられている同期3名の前に立ち、ひたすら腕立て伏せの回

数を数えるのみだった。入校したばかりの1学年だ。30回を超えるあたりから、同期は腕立て伏せができなくなる。鍵をかけ忘れた私の前で、ただただ苦しんでいる同期3名を目の当たりにしても、私には何もできない。腕立て伏せができなくなった同期たちの前で罵声を浴びせられながら回数を数え続けるのみであった。

自分のうかつなミスでみんなに迷惑をかけ、罪悪感と情けなさで、その夜、私は防衛大に入校して初めて泣いた。同期に謝罪しても彼らは一切文句を言わなかった。

泣いている私に同部屋の4学年が言った。

「同期は家族と思え。家族のミスは連帯責任だ」

自分が罰を受けるよりも、自分のミスのせいで周囲が罰を受けるという連帯責任ほど、つらいものはないと、そのとき心の底から思った。

「鍵は必ずかけること」

これはルールである。そして、ルールには全てそれなりの理由がある。鍵付きの場合なら盗難防止ということがその理由である。仮に盗難事件が起これば、その時点で防衛大は窃盗者探しをする必要がある。将来の幹部自衛官の仕事の中に、窃盗者を探すなんて仕事はないにもかかわらず、そのために時間を割かねばならない。防衛大という大きな組織の動きすら、ルールを破ったせいで一度止まることになるのである。

ルールを破ると周囲にも迷惑をかける。ルールを破るととんでもないことになる。そして、**ルールを破ると組織としての動きが止まる。**

こうして私は、ルール厳守の重要性を1学年時に徹底的に叩き込まれた。

部下の責任を背負う覚悟

防衛大にはその他にも多数のルールがあった。

例えば、平日は外出できない。土日は外出できるが服装は制服のみ。土日の門限は厳守、などである。

ルールを破ったときは全て連帯責任だった。学年問わず、ルールを破れば関係者全員で責任を取る。

また、私の在籍当時の防衛大には、ルールを破った学年とそれ以上の学年が責任を取らなければならないという連帯責任の仕組みがあった。

例えば、1学年が門限を破ったとする。門限を破ることは一番重い罪だ。時間すら守れない人間が、将来国防を背負う幹部自衛官にはなれない。門限を破ったのは1学年であるから、連帯責任の対象は1学年、2学年、3学年、4学年と全学年である。そして、3学年が門限を破ったとする。この際は1学年、2学年は連帯責任の対象ではない。対象は3学年と4学年になる。

下級生がルールを破ると、最上級生である4学年は必ず連帯責任を背負うよう仕組み化されていた。ルールを守る、守らないに学年など関係ない。

これを一般企業におけるチーム運営に置き換えると、例えば、部下の1人が遅刻をしたとする。これはその部下の責任でもあるが、チームを引っ張るリーダーの責任でもあるということだ。

「リーダーも責任を負う、部下も責任を持ってルールは守る」

動き続けるチームは必ずメリハリが利いている。決して、ルールを破るような部下はいないし、ルール違反を見逃すリーダーもいない。リーダーがルールを破るのはもっての外だが……。

ルールを守れないチームは「良質」なチームにはなれない

私は職業柄、業種を問わず多くの企業の研修を行っているが、研修前に必ず行っていることがある。それは「ルール設定」である。主なルールは次のようなものだ。

- **時間は守る**
- **挨拶はしっかりハキハキ行う**
- **メモを取る**
- **他人が話しているときはうなずく**
- **他人の意見を否定しない**

これらのルールを最初に決める。もちろん研修先の担当者の合意の下である。これらのルールを設定し、研修を行うと、とてもメリハリのある研修になるためだ。最初に決めたルールを守れないような人たちに、いくら研修を行ったところでその後のアウトプットはとても出にくいということはこれまでの経験で分かっている。

良質な組織をつくるためにはルール設定は絶対である。

例えば、「時間を守る」というルールは幅を広げて考えると「納期を守る」ということと同じである。仕事の納期を守らないとどんでもないことになる。営業担当なら、決められた期限までに目標予算を達成することと同じである。会社で言うと、年に一度の決算月までに目標としていた売上を達成することと同じである。

部下全員が納期に対しての意識が薄ければ、そのチームは最高のアウトプットを出せない。リーダーの仕事は、チーム全体で最高のアウトプットを出すことである。ルール一つ守れない部下が1人でもいればチームとして最高のアウトプットは出せない。

ルールを破る部下が1人いれば、それは個人の問題ではなくチームの問題へとつながる。チームの問題はチームをリードするリーダーの問題へとつながる。逆に考えてみると、納期を守り続ける組織は強くなる。

ルールを守り続けると筋肉質なチームになる。ルールを守り続けると良質なチームになる。そして、ルールを守り続けるチームは動きを止めないチームに進化し続けるのだ。

10

ミスやズレを防ぐルールをつくれ

仕事のプロセスでズレは必ず生じる

アウトプットイメージに差があれば成功に至らない

防衛大では毎年、冬期休暇前に「学校長点検」という名前の大掃除がある。12月のほぼ1カ月間をかけて行われる大掃除である。大掃除終了後に「学校長」の点検があり、合格がもらえなければ冬期休暇に移行できないというルールがあった。

平日は外出できない防衛大生にとって、長期休暇は何が何でも獲得したい権利であるから、その目的のために4学年を中心に徹底的に掃除を行うのである。

1学年時の「学校長点検」で、私はトイレ清掃の担当になった。上級生から「トイレ清掃を終わらせた後に廊下の靴墨落としをするように」という指示があり、同期数名でトイレ掃除を行い、きれいになったと思い、次の指示通り、靴墨落としをしていた。

ところが、上級生から、「上級生が求めるレベルのピカピカなトイレになっていない」という理由でトイレ前に呼び出された。そして便器だけではなく、用具入れ、窓、床、全てをピカピカにするように言われたのだ。

どんな仕事にも「アウトプット」がある。アウトプットとは、行動した結果生まれる仕事の仕上がりの状態である。上級生のアウトプットイメージと、我々1学年が「きれいにしたトイレ」のアウトプットには大きな開きがあり、合格レベルまで達していなかったため、やり直しとなってしまった。

小さな「アウトプット」をプロセスで確認する

さて、この「学校長点検」を、仕事をやる上で考えなければならない「目的」「対象者」「アウトプットイメージ」「納期」「プロセス」に当てはめてみよう。

・目的 → 冬期休暇取得のため
・対象者 → 学校長（確認する上級生）
・アウトプットイメージ → 汚れ一つない、ホコリ一つ落ちていない学生舎
・納期 → 12月末（冬期休暇開始の前日）
・プロセス → 廊下の靴墨落とし、廊下のワックスがけ、共有スペースの清掃、窓磨きなど

「学校長点検」は、来年1年を気持ちよく迎えるための1年の締めとして行うものだが、学生にとっては、「目的」はあくまで冬期休暇取得である。

もし、トイレ掃除が終わった後に、我々のアウトプットを上級生に確認してもらっていれば、靴墨落としを中断して、またトイレ掃除をやり直すといったような事態には至らなかったはずである。

プロセスとして挙げたのは、ほんのいくつかの例にすぎず、実際はもっと学生舎のありとあらゆるところの清掃がある。

しかし、どんな仕事であっても、プロセスの中で生まれた「小さなアウトプット」を対象者（依頼主）と確認しながら進めていけば、最終的に納期の段階で生まれているアウトプットは限りなく「対象者の求めているアウトプット」になっている。

プロセスを進める上で大事なことは、**「アウトプット」は自己満足や自分基準であってはいけない**ということだ。対象者をはじめとする仕事関係者とアウトプットを共有し、確認し合う場を設けることが重要なのである。

必ず生じるプロセスのズレを補正していく

ホームページ作成などシステムをつくっていくときも、完成型のイメージを絵に描いて、がっちり決めておかないとミスが生じる。「こんなイメージじゃなかった」などという結果になる恐れが大いにあるのだ。

似たようなサイトを集めて、どのような感じをイメージしているのか、とことん突き詰めて最高の状態のアウトプットイメージを共有しなくてはならない。

一般企業でも、お客さまとの納期の行き違いがあった経験がある。「1週間後に」と言われたので、1週間後の18時くらいまでと私は認識していたのだが、お客さまから12時に連絡が入り、「どうしたの？　1週間前の12時に言ったから、今日の12時だよね」と怒られたことがある。

作業の納期（期限）を伝えるとき、また確認するときは、「1週間後の17時30分までに」というように、明確な数字による設定が非常に重要だとつくづく思う。

このような確認をしないリーダーは意外に多いが、**「そんなこと言わなくても分かっているだろう」という感覚が一番危ない**のである。

これができていないと、リーダー自身の相当なストレスになるし、ミスの修正にかかっている時間も非常にもったいない。

また、最初にアウトプットイメージが一致していると思っても、仕事をしていくプロセスでズレというものが必ず生じてくる。そのズレをできるだけ少なくするためにも、お互いチェックをし、補正していくことが必要なのである。

こまめに途中経過をすり合わせ、完成型のアウトプットイメージに近づけるのはリーダーの仕事である。

途中のズレを少なくするには、イメージとリアルアウトプットの間に生じたズレの中間報告をするための、また、それを修正するための場を設けたほうがいい。

そのような途中チェックは、リーダーと部下だけではなく、顧客との間でも行われなければならない。

私はいつも、「アウトプットの質を上げていこう」と部下に声をかける。最初に掲げたイメージに対して、質を上げるためのミーティングや、新たな取り組みなど、最高の完成型に近づけるための打ち合わせを欠かさないようにしているのだ。

11

言行不一致をなくせ

「2対6対2の法則」から分かること

理不尽な世界だからこそ本性が分かる

どんなに人が辞めていっても組織は存続する。たとえ優秀でも、たった1人の人がいなくなっただけで駄目になる組織など、もともと組織としての体《てい》をなしていなかったと思うしかない。会社をはじめとする組織では誰がいつ抜けても成果を出し続けなければならないのである。

第1章で少し触れたが、組織には、「2対6対2」という法則がある。

防衛大の特色として、上の2割は圧倒的に人間力が高く、誰からの人望も厚く、〝神のような存在〟と言ってもいいくらいだ。

反対に、底辺の2割は落ちこぼれで、結果も出さず、そもそも、やる気などない。

真ん中の6割はそこそこ結果を出す人材だが、6割の下のほうから底辺の2割へ、底辺の2割から真ん中の6割へ、まるでプロ野球の1軍、2軍を行ったり来たりするように、上がったり下がったりする人たちもいる。そのたとえで言うなら、上2割は完璧なレギュラーである。一切、ブレることはなく誰からも尊敬される人たちだ。
人は普通の状況ではその中身までは分かりかねるところが多々あるが、追い込まれたときに、その人の本性のようなものが出てくる。
「俺は絶対に人のせいにはしないぜ」などと言っていた先輩が、窮地に立たされたときには、下級生に「お前のせいで、今まずい状況になってるんだろ」などと態度を一変してくる。

言行不一致のリーダーについていきたいと思う部下は誰もいない。

それでも、防衛大1学年にとっては、上級生は絶対的な存在であるから、逆らうことができない。私自身も先輩から言われたときには、内容はともかく「はい」と返事をしてきた。この点については、本当に理不尽な世界だった。

下位2割の中でも真ん中の6割に永久に行くこともない人たちは、本当に無理な人たちである。もともと仕事など真面目にやろうなどと思っていないし、たまたま頭の回転だけ良くて調子よく役付きになったとしても、自分のために部下を使ったり、利用したりすることしか考えていない。間違っても部下を育てようなどと前向きなことは考えていない。

いろいろな上級生や上司と出会い、経験を積んできた結果、下位2割は前述した反面教師のリーダーのような特徴を皆持っていることが分かった。

すぐに感情的になったり、部下の話の途中で自分の意見をかぶせる。自分の意見に無理やり同調を求める。部下の意見は聞き流す。良くない結果が出ると言い訳を考える。部下に張り合って上司である自分が勝とうとする。部下をこき使い、圧力をかけてストレスを与える。無駄だと思われることでチームの意見も聞かずに時間を浪費する。言ったことはすぐに翻してブレる……などなど、リーダーとしてやってはいけないことだらけだ。

そして下位2割のリーダーたちに共通していることが、言行不一致ということだ。言っていることとやっていることが違う。人には強制するが自分ではやらない。そんなリーダーに人はついてこない。

防衛大も一般企業も同じだ。下位2割のリーダーの下では下位2割の人材しか育たない。部下を上位2割に引き上げるために最初にやるべきことは、リーダーが言行不一致をなくすことなのだ。

Column

上下の欲を同じうする者は勝つ

―― 孫子 ――

意味……上も下も関係なく、組織の心を一つにすることが成功の必要条件だ

組織力を上げるために「一番大事なことは何か」と考えているとき、この言葉と出会った。

リーダーも部下も関係ないことがある。それは、この組織が「何のために」「誰のために」あるのかという目的意識と、この組織が掲げている目標共有である。

これらを共有して、組織のために何をすればよいのか、どのような成果を上げればよいのか、ということを考える必要がある。

同じ目的の下、目標を共有して日々活動すると、止まることなく動き続ける組織をつくることができると実感した。

まずは、組織全体で目的、目標を共有することが大切だと考えさせられた。

評価力

役割への絶対評価が
やる気を生む

3

12
不当な優しさはいらない

部下を駄目にする表面的な優しさ

部下のご機嫌取りをしても一枚岩にはなれない

リーダーとして組織を任せられていると、いつも好調なわけではない。業績が上がっているときは組織全体の空気もいいし、リーダーも部下に対しての発信力が強まるが、逆もまた然りだ。

私が管理職になったときは、「100年に一度の経済危機」と言われたリーマンショックの後遺症を抱えていた時期だった。毎月毎月売上が下がっていき、社員の給与はカットされ、リストラも行われた。

当時の経営陣たちも会社を存続させるための苦渋の決断であったかと思う。私は営業部を任せられたのだが、優秀な営業担当たちは辞めていき、残った営業担当といえば、過去に2回リストラ宣告をされた者、給与が下がりモチベーションがダダ下がっている者、一度も目標を達成したことのない者など、散々だった。

そんな状況だったので、事業部全体の雰囲気はとても悪かった。

チームを運営するにあたり、リーダーはチームに流れる空気を良くしなければならない。空気が悪ければ本来なら上がる成果も上がらなくなる。

では、どのようにして良くすればよいのだろうか。

例えば業績のいいときに、目標達成したら達成会をやって成績優秀者を表彰したり、給料やボーナスを上げたり、福利厚生のようなことをいろいろとやれば部下のやる気も出て、チーム全体の空気もとても良くなるだろう。しかし、それは表面的かつ一時的なことでしかない。

これらのことは、不景気になって業績が落ち込んだとたんにできなくなってしまう。

私はこれを「不当な優しさ」と呼んでいる。

待遇が良くなったときに部下は喜ぶ。しかし、待遇が悪くなったとたんに気持ちを落とす部下をこれまで何人も見てきた。

また、仮にその場限りで待遇を良くしたとしても、他の会社でもっと大きなニンジンがぶら下がっているのに惹かれたら、部下はすぐにそっちに行ってしまうかもしれない。

リーダーの仕事は、今いる部下のポテンシャルを最大限に引き出し、その部下たちの力を借りて、チームとして最高のアウトプットを出すことだ。そこからブレて、部下のためにいろいろやったつもりでいると、チームが一枚岩になれないどころか、メリハリのない組織になり、最悪、部下は次々と辞めていき、いつまでたっても安定しないままだ。

そのような会社は少なくないのではないだろうか。

チームとして最高の成果を出すために必要なことは、部下のご機嫌取りではなく、部下に対する「本当の優しさ」なのだ。

厳しさも優しさのうち、「絶対評価」でいけ

それでは、「本当の優しさ」とはどのようなものだろうか。

これは右も左も分からなかった防衛大1学年時の話だ。

防衛大にも極端に優しい上級生がいた。1学年は防衛大での生活力、しいてはストレス耐性を身につけるため、基本的にいつも上級生から厳しく指導される毎日だ。そのため、優しい上級生は本当にありがたく感じた。

1学年にとって鬼門であるほぼ毎日行われる容儀点検などでも、すぐに合格点をくれる。合格をもらった1学年が違和感すら覚えるほど、簡単に合格する。しっかりとチェックしているのかと多少は訝《いぶか》しむが、いかんせん合格することはうれしいことだ。何よりも合格

すれば再点検がないので時間の確保ができる。

優しい上級生の部屋っ子になった同期をうらやましく思った。他の部屋の同期たちも、その上級生の部屋っ子たちを、「いいな」「うらやましい」などと言っていた。

しかし、結果的にこれらは「不当な優しさ」だった。優しさと甘やかすことは違う。極端に優しかった上級生たちに育てられた学生たちは、過酷な環境になったとき、その変化に応じて耐える力など全くついていなかった。

先述したが、防衛大には前期、中期、後期で部屋変えが行われる。極端に優しい上級生の部屋で1年間過ごせればよいが、そういうわけにはいかない。実際に優しい上級生の下、ぬくぬくと育った同期の中には部屋変え後の防衛大生活についていけずに辞めていった者もいる。

学年が上がるにつれ、その傾向は顕著に現れた。めったに叱られることなどない4学年になっても、防衛大生活でぬくぬく育った学生は、指導教官から厳しく叱られていた。要は、どんな環境でもやっていけるストレス耐性が身についていないのだ。

私は防衛大でいろいろな上級生から学ばせてもらった。中でもプレス（アイロンがけ）の合格点をなかなかくれなかった点検官のRさんには、「本当の優しさ」というものを学ばせてもらった。

Rさんは点検時に、どんなに小さなシワも、弱い折り目も見逃さない。Rさんの容儀点検に合格するのは至難の業だった。何度も「プレス不備」という不合格にされた。作業服の容儀点検は毎週日曜日の日夕点呼時に行われ、不合格になると翌日の月曜日から週末金曜日の間ずっと、合格するまで再点検が行われる。

あるとき事件が起こった。

私以外の同期は全員容儀点検を一発合格したが、私のみが不合格になった。点検官はRさんだった。翌日から、私1人でRさんの再点検を受け続けることになったが、毎日毎日、不合格。金曜日になれば再点検がいったんリセットされるので、私はひたすら金曜日が来ることを願った。金曜日になれば全てが解決する……。

しかし、そんな淡い願いはかなわなかった。待ちに待った金曜日当日、私はRさんから静かにこう告げられた。


「お前に関しては、来週も1週間再点検。俺は絶対評価しかしないから」

すぐには、この意味が飲み込めなかった。

来週もまたRさんの点検が続くと思うとげんなりした。とはいえ、手を抜くととんでもなく厳しく指導されることは目に見えていた。まずはひたすら容儀点検に合格するためだけにアイロンがけを行った。それしか選択肢はなかった。

「努力は実を結ぶ」ではないが、毎日毎日プレスを必死で行ったせいか、やっと最終日にRさんから合格をもらえた。そしてRさんは、

「プレスうまくなったな。やればできるんだよ。合格おめでとう」

と私に言ってくれた。2週間にわたった過酷なアイロンがけの苦労も、この言葉で吹っ飛んだ。本当にうれしかった。

Rさんの「絶対評価しかしない」とは、他の学生に比べてプレスがきれいかどうかなんて関係ない。シワ一つない、弱い折り目もない完璧にプレスされた作業服になって初めて合格だ、という意味だったのだ。私自身、Rさんに鍛えられたおかげで、その後プレスに関してはほとんど上級生から指導されなくなった。

反対に、ぬくぬくと育てられた学生たちのほとんどは、その後、容儀点検で一発合格をすることはほとんどなかった。

「褒める・叱る」の基準をあいまいにするな

「絶対評価でしか褒めない」というRさんの教えは、一般企業に入ってからも常に意識した。

管理職になったときも、部下を評価するときは「絶対評価」しかしなかった。何よりも「絶対評価」は分かりやすい。そのときの気分や部下同士を比べて褒めたり叱ったりするようなことは絶対にしなかった。気分で褒めることなどリーダーの利己以外の何物でもない。

つまり、比較・相対評価はしないということだ。

リーダーが「褒める・叱る」の基準をあいまいにすると、部下はリーダーの顔色をうかがいながら仕事をするようになる。結果的に組織としてのメリハリがなくなり、その組織の動きは止まってしまうだろう。組織としての動きが止まる、それはリーダーが何の仕事もしていないのと同じことだ。

絶対評価を行うときのポイントは次の2点だ。

「確実にやれることを確実にやったときは全力で褒める」「自分たちで決めたことを確実にできたときは全力で褒める」

業績が上がっているか、下がっているかは関係なしに「確実にやれること」はある。

例えば、営業担当なら、毎月２００件の電話をする、毎月30社の取引先にフォローの電話をするといった具合だ。「電話をする」ことなど時間の確保さえすれば誰でも確実にできることだ。私は、そのノルマも全て部下自身に決めてもらった。そして自分たちで決めたプロセスを確実に行えたときは全力で褒めた。

部下もやるべきことが目標に達していれば、褒められることは分かっているし、リーダーも部下がよくやったことに対して全力で褒めることができる。いたって単純明快だ。

部下も上司も何の不可解なことがない。明確なプロセスの絶対評価であるから、褒めるほうも、褒められるほうも、とても気分がいいものだ。何よりも分かりやすい。

リーダーは物理的な満足の前に、まずは精神的な満足を与えなければならない。その際の基本が「絶対評価」で褒めるということだ。

間違っても、他人と比べて「相対評価」で褒めたり、自分の気分に任せ、何となく「自己基準」で褒めたりしてはいけない。相対評価や自己基準で褒めても部下の「個」の力は上がらない。正確に言うと、一時的に上がったとしても半永久的に上がり続けることはない。どこかで必ず、リーダーと部下との間で不信が生まれる。

部下が自分たちで決めたプロセスを確実にできたときは褒めよう。リーダーが褒めるとそれは部下1人ひとりの自信にもつながる。

部下1人ひとりの自信の集合体が組織の強さとなる。そして、組織が強くなればなるほど、それはリーダー自身の自信へとつながるのだ。

13

一喜一憂ほど怖いものはない

成果を語り合えばコミュニケーションは良くなる

短艇委員会で学んだ成果コミュニケーション

組織を任せられたリーダーは「組織の力」を上げていかなければならない。そして、「組織の力」とは部下1人ひとりの力の集合体である。部下1人ひとりが成長していけば、おのずと組織力は上がる。そのために必要なことの一つに「成果コミュニケーション」がある。

防衛大では、心身共に鍛えるという目的の下、全学生は校友会といういわゆるクラブ活動を行うことを義務付けられる。私は短艇委員会という校友会に所属していた。他の校友会と比べて特に過酷と言われていた。重さ11キロのオールを使ってカッターを漕ぐスポーツである。カッターとは一言で言うと15名から構成される手漕ぎボートのことだ。私が所属していた短艇委員会ではこのカッターを漕ぎ、2000メートルの距離で競い合った。

小柄だった私は、一番前で後ろから水を送ってもらうポジションだった。一番後ろのポジションは前に水を送らなければいけないので、チームの中でも特に体格が良くパワーのある人が担当する。

防衛大の短艇委員会は日本一の常連だったこともあり、練習は本当に過酷を極めた。一番後ろを漕ぐ人が前に水を送る役割なら、一番前で漕ぐ私のポジションはピッチを刻むポジションである。後ろの漕ぎ手たちは私のオールに合わせて漕ぐ。私がピッチ通りに漕がなければ後ろの漕ぎ手たちのオールはバラバラになり艇として機能しない。

「後ろから水を送ってもらってる分、オールの動きを殺すな」「お前が手を抜いたら艇全体の士気に影響する」「きつさに負けるのは仲間を裏切るのと同じだ」「できる限りなんて考えるな。とにかく最初から出し切れ」というような叱咤激励を受けながら、往復2000メートル、タイムにしておよそ11分を全力で戦い抜くのである。とにかく全員で少しでも良いタイムを出すため、最終的に日本一を取るためにいつも全力だった。

日本一を取るために課される過酷な練習で、手のひらの皮がむけ、指のまめがつぶれた。一番厄介だったのがお尻の皮だ。「漕手座《そうしゅざ》」と呼ばれる厚さ5センチほどの木版の上に座って漕ぐわけだが、「漕手座」とお尻がこすれて皮がむける。お尻が痛すぎて仰向けで寝ることができないくらいだった。ほぼ毎日行われる容儀点検ではお尻からにじみ出た血が作業服や制服につき「お尻不備」と言われる始末である。

ただ、不思議なことに肉体的にはぼろぼろになっているようでも精神的にはつらくはなかった。私だけではなく部員全員がとにかく前向きだった。

それは仲間と共に頑張って毎日の成果を実感していたからだ。


このような前向きで団結できるチームをつくるために必要なものが「成果コミュニケーション」だ。「結果」ではなく「成果」にこだわるコミュニケーションである。

「結果」と「成果」は違う。良くも悪くも何となく行動して生まれたものが「結果」だ。「成果」とは想像を絶する努力をして、鍛錬した末に出た良い結果のことだ。決して、たまたまではない。

短艇委員会の部員たちは常に「成果」の話をしていた。海上スポーツであるから、風が強い日や波が高い日はタイムが出にくい。そんな悪天候の中でもいかにしてタイムを伸ばすか。悪天候の際にどのようにして一枚岩になるか。逆に、波もなく風もない平水の場合はいかにして最高タイムを出すか。そういった成果を上げるための「プロセス」ばかりを話していた。どこのポジションかは関係なく、全ての漕ぎ手が自分たちの出すべき成果を真剣に考え抜いていた。

やって、やって、やって、生まれた最高の結果＝「成果」。

この成果についてコミュニケーションをはかれば、チームは前向きに一丸となることができる。 それを短艇委員会から学んだ。

成果を上げるプロセスにこだわればチームは成長できる

私が初めて管理職になったとき、リーマンショックの影響で現在進行形で景気低迷が続いていた。チームには前向きなコミュニケーションがほとんどなく、そのためチームとして良い結果も当然出ない。

しかしリーダーには、好景気不景気など関係なく部下をリードし、チームとして最高の成果を上げる役割と責任がある。そのためには部下1人ひとりに前向きになってもらう必要がある。そこで導入したのが防衛大時代の短艇委員会から学んだ「成果コミュニケーション」だった。

何となく行動した結果生まれたものではなく、とことんまで「プロセス」にこだわったコミュニケーションを取ることにした。良い結果を出すために「どのような思いでどのような行動をしたのか」ということをとことんまで話した。

しばらくたつと、部下たちが前向きなコミュニケーションを取るようになった。

例えば、「今まで電話だけでアポイントを取ろうとしてうまくいかなかった企業に対して、メールを送ったらいい反応が現れた」とか、「DMを送ってから、担当者に電話を入れるとアポイントが取りやすくなった」など、成功例を部下同士で活発に話すようになった。


1人の部下が出した成果は、チームで共有し全員で実践した。

結果、営業担当1人あたりが上げる利益が2年で2・4倍にもなった。部下みんなで成功例を実践することにより、チームは大きく成長していった。

「景気が悪いから」「営業担当になんてなるのではなかった」「売上が安定している大企業に入ればよかった」などと言っていた部下であったが、成果が見えてくるとそのような後ろ向きな発言は一切なくなった。


そもそも事前に計画した行動内容が100%うまくいくことなどほとんどない。計画した行動が全てうまくいけば倒産する企業などない。大切なことはうまくいくかどうかは分からないけれど、どんな行動でもプロセス化し前向きに全力で取り組むことだ。そして、うまくいかなければ、また前向きに行動計画を立て、それを全力で行う。

リーダーは何となく生まれた「結果」に一喜一憂せず、考えて、努力して出た「成果」にこだわってみてほしい。

リーダーが一喜一憂すれば、部下たちも一喜一憂する。部下たちが一喜一憂すれば部下たちの成長は止まる。だから組織にとって一喜一憂ほど怖いものはない。好景気不景気など関係なく、常に「成果」を上げるためのプロセスを考えてみてほしい。そのために必要なのが「成果コミュニケーション」だ。「成果」にこだわり続ける組織はどんな状況になっても最高の結果を出すことができる。

14

結果に至るロジックを知れ

部下が目標を達成できないのはリーダーの責任だ

100％できることを100％やり遂げたか

防衛大時代に指導された内容を今思い返してみると、徹底的に指導されるのは100％できることを100％やらなかったときだった。

例えば、第1章でお伝えした「ウソをつくな」「言い訳するな」「仲間を売るな」という3つは、ルールとして1学年に課された。この3つのルールを破ったときは、ひどく指導された。当時は「多少理不尽ではないか」と思ったこともある。ただ、よくよく考えてみるとこれらはルールだ。

「ルール」とは100％守らなければならないものである。赤信号は渡らないといった交通ルールがあるが、この交通ルールを守らなければ事故が起こる。その他にも、ほぼ毎日の容儀点検前のプレス、靴や襟章を磨くことは誰でも時間さえあれば100％できる。極端な話、小学生でもできる。合格するかどうかは点検官によるところがあるから、そこは仕方がないかもしれないが……。

つまり、「100%やれることを100%やれ」という教育が徹底的に行われる。「確実にやれることは確実にやれ」ということだ。

この考え方は一般企業に入社してからも本当に役立った。私は入社2年目からトップセールスになったが、他の営業担当と比べたときに決定的な違いが一つあった。

それは、「100%やれることを確実に行っていた」ということだ。

例えば、上司から「毎月10件のお客さまとのアポイントを取れ」と指示されたとする。

ここで大切なことがある。それは、「10件のアポイントを取るためには何をいつまでにどれくらいすればよいのか」ということをしっかりと定量化することだ。そして、定量化したことは100%確実にやり切るということである。

例えば、5営業日で200件の営業電話をかけると決めたとする。200件の電話をするということは、時間をかければ100%できるプロセスである。

このプロセスにとことんまでこだわった。10件のアポイントが取れようが取れまいが200件は確実に電話する。他の営業担当の多くが200件と決めていたけれど、100件の電話で10件アポイントが取れてしまえば、電話をすることを途中でやめたり、100件やって1件も取れなければ、途中で他の方法でアポイントを取ろうとしたりと、当初決めた100%やれる200件の電話をするということをやっていなかった。

そもそも、200件電話したところで10件のアポイントが取れるかどうか分からない。取れなければ取れないで、100%やり切った後に他の方法を考えればよいのである。入社1年目は、なかなか成果も出なかった。たまたま、良い結果が出たときもあった。

ただ、良い結果が出ようが出まいが大切にしていたことがある。それは結果に至るまでのロジックをしっかりと検証し続け、次に活かすということだ。

100%やれるプロセスを100%行わずに、結果に至るまでのロジックを検証することはできないし、検証できないのであれば、当然次に活かすことはできない。そもそも、たまたま出た良い結果に再現性はない。

2年目になると成果を出すまでのノウハウもたまってきた。何をやれば良い結果が出るのかが分かってきた。売上が上がるようになった。そのおかげでトップセールスも取ることができた。

「100%やれることをやらなかったら、ただじゃすまないぞ」。防衛大時代のこの教育は一般企業でも十分に活きた。

結果に至るロジックを知らずして部下を理解することはできない

リーダーの業績というものは、組織全体が出した数字である。もちろん、部下1人ひとりの数字目標が達成できれば、チームの数字目標も達成できる。しかし先に述べたように、組織には「2対6対2の法則」がある。毎月毎月全ての部下が目標数字を達成し続けるということはなかなか至難の業だ。

「結果コミュニケーション」ではなく、先に述べた成果を大事にする「成果コミュニケーション」で、部下1人ひとりに成果を上げてもらい、チーム全体としても最高の結果を出すようにリードする必要がある。そのためには、リーダーは「結果に至るロジック」をしっかりと把握することが大切になる。

計画して行動するものの、全てがうまくいくわけではない。求める結果が全て出たら倒産する会社など生まれない。どのような結果が出ようが、しっかりと検証をして次に活かすことが大切になる。これを繰り返し行えば、チームとしてのノウハウもたまっていく。

そこで大切なことが、先ほどの営業電話の件数ではないが、100%やれることを100%やり切るということだ。100件電話して、10件のアポイントを取ろうとしたけれど蓋を開けてみれば、5件しか取れなかった。とすると、次の行動内容としては「2倍の200件の電話をしてみる」「電話だけでなくDMも使ってアポイントを獲得してみる」といった具合に様々な案が出る。

100件の電話をせずに5件しか取れなければ「まずは100件電話をする」という案しか出ない。それではチームとしてのノウハウもたまらない。リーダーが把握すべきは、「100％やれることを確実に行った結果、どのような結果が出たのか」という点だ。

運よく出た売上に一喜一憂してはいけない。「何を、どれだけやって、この結果となったのか」という「結果に至るロジック」が大切なのだ。ロジックがなければ、いつまでたっても行き当たりばったりの組織のままだ。

そして、もう一つ大切なことがある。それは、100％やれることを確実にやったけれど思っていた結果が出なかった部下に対してのフォローアップだ。私はよく個別メッセージを部下に発信し、フォローをしていた。

「あなたは目標に達していなかったけれども、今月、それ以上に素晴らしいことがありました。あなたは自分で決めた確実にやれることをずっとやり続けました。そこに私は感動しました」。さらに、「来月は絶対、達成できると思います。また、明日からのプランニング、頑張りましょう」といった具合である。
リーダーは部下のポテンシャルを最大限に引き出さなければならない。全ての部下の「個」の力の集合体が組織力となる。決して部下に戦力外だと勘違いさせてはいけない。誰1人として必要ない部下などいない。部下が達成できないのはリーダーの責任でもある。次は必ず達成させる必要がある。

部下1人ひとりが大切な戦力だ。部下1人ひとりを絶対に見捨ててはいけない。「結果に至るロジック」を理解して、部下の労をねぎらうのもリーダーの大切な仕事だ。

15

役割を認識させよ

役割分担で最高のパフォーマンスを発揮するのが防衛大流

「棒倒し」に学ぶ、何があっても役割を全うするチーム

防衛大の開校祭は毎年11月に開催される。校内いっぱいに広がる出店の数々、総勢２０００名前後からなる精強なパレード、航空自衛隊の専門チームであるブルーインパルスが行うアクロバット飛行など、非日常を楽しみにされている来校者の方も数多くいる。

そんな開校祭の目玉が「棒倒し」だ。

防衛大の組織編制は４つの大隊に分かれている。１大隊、２大隊、３大隊、４大隊と各大隊４５０名前後からなる組織である。棒倒しは各大隊対抗で行われる。制限時間２分以内に、対戦大隊の棒を30度以上傾けたチームが勝ちとなる。とても激しい競技で、出場選手の中には骨折する者、流血する者、怪我をする者も多数いる。

各大隊には棒倒し総長というリーダーがいて、役割ごとのグループリーダーをまとめて統率している。一つのチームを１５０名前後で編制し攻撃陣と防御陣に分ける。

役割も複数ある。敵の棒に向かって突撃する「突攻」、自軍の棒が倒れないように支え続ける「棒持ち」、自軍の棒の上に乗り、飛びかかってくる敵の「突攻」を蹴り落とす「上乗り」など様々だ。

この2分間の競技で他大隊に完全勝利を果たすため、総長やグループリーダーは数カ月にわたり作戦を立てる。出場選手の体格、俊敏さ、そして選手1人ひとりの性格など、どの役割で一番力を発揮できるかということを総合的に判断するのである。さらに選手たちの役割が決まれば総長は、各役割とその目的の重要性と必要性をとことん伝える。

出場選手たちは自分たちの役割の重さを感じ、全力で対戦大隊の棒を倒しに行き、全力で自分たちの棒を守る。

総長や各役割のリーダーは、1人ひとりが与えられたその役割を全うすることが勝利への最短の道であるということを知っている。

そして、選手は選手で自分がその役割を完璧に果たしたら、その先には勝利しかないと信じている。

まさに適材適所を最大限に考慮した一枚岩の組織を、数カ月でつくり上げていく。

中国人Jさんに見る適材適所と役割貫徹

「役割分担」とは、「最高のパフォーマンスを発揮するため」に行うものである。決してそれぞれの仕事の負担を軽減させるためのものではない。

「棒倒し」競技に見るように、体が大きな人なら棒の下を支えるとか、私のように体が小さく軽い者は上に乗って、棒を倒そうと攻めてくる敵を蹴り落とす、足が速く攻撃力がありそうな者はいち早く敵の人垣に上って棒を倒そうとする、などなど、全員がそこに適するポジションを任せられている。各々が最高のパフォーマンスを発揮するためだ。

かつての部下の1人に中国籍のJさんがいた。中国の大学を出て日本に留学し4年制の大学を卒業し入社してきた。

やる気があり、気合と根性もあり、とにかく頑張り屋だったが日本語のレベルでは他の営業担当にどうしても劣ってしまう。お客さまとの電話でのやり取りは特に苦手としていた。言葉の壁の問題で、どうしてもパフォーマンスを最大限発揮できない。そこで、Jさんと話し合い、電話営業はいったんやめて、企業にセールスレターを送るDM業務を任せることにしてみた。

それまで、ＤＭは営業担当それぞれに任せてやっていたが、目の前の仕事に追われ、やったりやらなかったりと、大事なことと分かってはいたが定着していなかった業務の一つでもあった。

常日ごろ、私はＪさんを見ていて、細かいことにもよく気がつき、人への気遣いができるので、ＤＭ業務は適材適所だと思っているという自分の気持ちを伝えた。

しかし、Ｊさんは難色を示した。中国の大学を出て、日本に留学して４年制の大学を卒業し入社している。日本で「他の日本人営業担当同様に成果を出す」という強い意志も持っていた。１人だけ周囲と違うＤＭ業務を専任でやらされることが、他の同僚よりも劣っていると受け止めてしまったのだ。

しかし、Ｊさんに納得してもらうべく、ＤＭ業務の「目的」「重要性」「必要性」を説明した。そして、今までやるべき業務ではあったけれど、全ての営業担当が後手後手に回していたとても大切な仕事であること、さらにはＤＭの先には困っているお客さまがいらっしゃることなどをこと細かくＪさんに伝えた。

Ｊさんは最終的には納得してくれて、その日からＤＭ業務に取り掛かった。

私が初めに２、３種類の見本パターンをつくった。Ｊさんも当初はその見本パターンを使い分けながらDM業務を行っていたが、元来頑張り屋で細かいことに気がつき、人の反応には敏感なタイプだ。数日たつと、Jさんはお客さまの反応を見ながらDMの内容を自分なりに工夫するようになった。その工夫は毎日夜遅くまで続いた。自分なりに努力をし、最大のパフォーマンスを発揮しようと努力していた。

すると、3週間もたつころには送付先から徐々に反応が返ってきた。そしてめでたくDM業務開始から1カ月後に商談につながり、2カ月後には初成約を上げることができたのである。

その後も、Jさんはどのようにすれば最大の成果につながるか、と日々考え実践し続けた。私への相談も他のどの営業担当たちよりも多かった。結果として、月別1位の成績になり、社内MVPにも表彰された。「DMばかりで大変だったね」という周囲からのねぎらいの言葉にJさんは、「いいえ、一通一通思いを込めて、送った先のお客さまの喜ぶ顔を想像しながら送っていました。つらいと思うことなど一つもありませんでした。今はこのポジションに感謝しています」。

このJさんの言葉を聞いて、私はとてもうれしくなった。その後、DM事業はJさんを中心に人員が増え、会社の大切な収益源となった。

開校祭で行われた棒倒しの役割分担も、一般企業での役割分担も、違いは全くない。役割分担をするときのルールは次の通りである。

・リーダーが役割一つひとつの「目的」「重要性」「必要性」を明確にする
・役割を果たしたときのイメージをチームで共有する
・1人ひとりが最大のパフォーマンスを提供する
・無駄な役割なんて一つもないとチーム全体に浸透させる

「役割」とは、部下1人ひとりが最大級に活躍する「場所」のことである。

1人ひとりが与えられた「場所」で最大級の活躍をすることにより、組織の成果が上がっていく。

そうなると、チームの雰囲気は非常に良くなる。

リーダーの仕事は「部下のポテンシャルを最大限に引き出し、部下の力を借りて、組織として最高のアウトプットを出すこと」である。

リーダー業務が忙しいがために、自分の負担を軽減する目的で部下に役割を振るのではない。

部下のポテンシャルを最大限に引き出す役割はどこなのか。
部下が最大限のパフォーマンスを発揮する役割はどこなのか。
部下1人ひとりが最も輝ける役割はどこなのか。

これらを常に考える必要がある。全ての部下が最大級に活躍できる「場所」を提供する。
これもリーダーの大切な「役割」の一つだ。

16

部下の教育こそ最高の投資

ジョブローテーション制度で誰でも成果を出せるように

適材適所が決められないとき

部下の配置決定において、すぐに適材適所が分かれば苦労はしないが、時として部下の適材適所が分からないこともある。

そんなときのお勧めが「ジョブローテーション制度」だ。

防衛大には一般大学同様の教育課程の他に訓練課程というものがある。

1学年のときに、航空・海上・陸上の3つ全ての職種をざっとではあるが経験する。最終的にどの職種が自分に合っているのか、自分がどの職種に進みたいのかということを選択しやすくするためだ。

この仕組みを参考にしたのが「ジョブローテーション制度」である。

管理職になりたてのころ、リーマンショックの後遺症もあり、会社としてリストラや減給を行った。会社は営利組織である以上、生き残るための決断として、当時の経営陣たちも断腸の思いだったことは間違いない。

それと同時に、他に活躍の場を求め、優秀な社員も多く自主退職していった。残った部下といえば、過去に2回リストラ宣告をされた者、給与が下がりモチベーションがダダ下がりの者、目標数字を一度も達成したことのない者と散々だった。ほぼ素人集団で適材適所などとてもではないが考えることができなかった。部下それぞれの得意な分野など全く分からなかったというのが正直なところだった。当然売上は毎月落ちていく。歯止めが利かなかった。さすがにこれはまずいと思った。

部下1人ひとりの力を知った上で、いち早くそれら「個」の力を上げる必要があった。部下1人ひとりの「個」の力の集合体が組織力だ。「個」の力を上げなければ組織は衰退する。

このような危機感の中から「ジョブローテーション制度」は生まれた。

部下1人ひとりの担当している仕事内容を変えて、様々な仕事を経験してもらう制度である。中途半端になるのは駄目なので、事前に出すべき成果は全て数値化しておき、その数値をクリアしたら次の仕事に移ってもらった。全ては適材適所を知るためだ。

1つひとつの仕事の「目的」「重要性」「必要性」は部下1人ひとりに耳にタコができるほど伝えた。新規開拓を専門で行う人、顧客フォローを専門で行う人、クロージングを専門で行う人と全てのプロセスを経験してもらった。

そして、ジョブローテーションが一通り終わった段階で、誰がどの「役割」に一番合っているのかを決めて、その役割を全うしてもらった。

ジョブローテーション制度を取り入れたときは、本当に時間がかかった。こんなことはもしかしたら時間を無駄にしているだけではないかと思った。そんな不安ばかりの毎日であったが、最終的には成果がグングンと上がり始め、2年間で売上は160%アップした。

今考えると、部下全員が全ての仕事を経験したことはメリットしかなかった。新人が入ってきたときも、全ての仕事を経験しているので教育担当など決めずとも、誰でも教育できるレベルになっていた。

誰がどの役割に適しているのかということを、実務を通じて客観的に判断することができた。そして、全ての部下が各仕事のノウハウを持つことになったので、誰が辞めてもチームとして必要な仕事をカバーすることができた。結果的に、人が辞めた後のリスクを分散できるという効力も生まれた。組織力は、大幅にアップした。

もうすでに強みが分かっている部下にはこの制度は必要ないかもしれない。ただ、部下のどこが強みであり、どこが弱みなのかということを把握するためにも、「ジョブローテーション制度」は有効な仕組みである。

把握後は、強みをどんどん伸ばせばよい。

教える時間がもったいないと思うな

ジョブローテーション制度もそうだが、チームとして仕組みを導入する際、自分が思っている以上に、浸透するまで時間がかかることがある。不安になることもある。常に葛藤の連続だ。浸透させ、機能するレベルまでもっていくのは簡単なことではない。

しかし、簡単なことではなくても、いくら時間がかかったとしても、目の前に緊急な案件が出てきたとしても、リーダーである以上、浸透するまでの時間を惜しんではいけない。

ジョブローテーション制度で言えば、部下たちが一通りの業務を1人でこなすことができるようになるまで、リーダーは自分の時間を惜しんではいけない。

部下の任意であったが、毎朝7時から1人ひとりとプランニングを行った。基本的に全てマンツーマンでのプランニングだった。しんどくなかったと言えばウソになるが、マンツーマン教育は人材育成の基本だ。

例えば、クロージングは商談を成立させて、最終的に契約を結ぶという大切な工程だが、商談からクロージングまで実際に部下の目の前で見せながら教育したこともあった。

並行して教育マニュアルもつくった。やり方を忘れてしまっても、ポイントをまとめたマニュアルを見ることにより、どんなときでも復習できるようにした。マニュアルには日日改善事項を取り入れ、常に最新状態のものにした。組織全体でマニュアルは共有した。マニュアル共有のために部下同士の良質なコミュニケーションも次々と生まれるようになった。

当時1人ひとりにかけていた時間は尋常ではなかった。それでも、3カ月後、4カ月後には部下1人ひとりの「個」の力が上がった。独り立ちする部下も現れた。それを考えても、やるのとやらないのとでは大きな差が出る。

ジョブローテーション制度で全ての部下の個の力が上がり、生きたマニュアルによって新しく入ってきた人に対しての教育工数（人数×時間）が大幅に減った。

今のことだけを考えれば時間がかかると思うかもしれない。しかし、将来のことを考えたらその時間は投資となる。最終的に1年たつころには、特に何も言わずとも、部下1人ひとりが成果を上げるようになり、私が指導する時間も激減した。

部下1人ひとりと接するときは時間がかかるものだ。

だが、部下1人ひとりを成長させるためにリーダーは時間を使うことを厭わないでほしい。

投資した時間の分だけ、部下と接した時間の分だけ、チーム全体のことを考え実践した時間の分だけ、リーダーとしての「個」の力も間違いなく上がっていくのだから。

Column

自らを処するに厳
他を処するに寛

―― 山本五十六 ――

意味……自分に厳しく、他人に寛大に

上記はなかなかできることではないが、リーダーになったら、常に意識をする必要がある。周囲に優しいといっても、甘やかすという意味ではない。

新人が入ってきたときに、成果を上げてもらうべく、希望する新人に限ってではあるが、毎朝7時30分から1日のプランニングを行い、夜は新人が退社する際に1日の振り返りを継続して行った。

早く帰りたいときや、朝は眠いときもあったが、そこは「新人を即戦力化する」という自分とのコミットメントと厳しく向き合った。

即戦力として育てる。どこに行っても通用する力を身につけさせる。

これも新人に対しての優しさだと思う。

新人が成果を上げたときに、共に喜んだことを今でも覚えている。

4

伝達力

「伝えたか」ではなく
「伝わったか」

17

常に挑戦し、常にインプットをはかれ

自分は無知と知り、学び続けよ。そして多くを伝えよう

現代に求められるリーダーシップ

リーダーの定義や捉え方は、時代の変遷と共に変わる。ある時代には、リーダーに一番必要なのは管理能力だと言われたり、ある時代には、リーダーとは指示や命令ができる人のことだと言われた。リーダーシップも世の中が変わると共に、変わらなければならないということだろう。

現代では、競争に勝ち抜くとか、権力を勝ち取るなどといった支配者的なリーダーシップはあまり求められていない。

会社だけでなく、個人も含めた大義あるミッションとビジョンの実現のために、部下が最大限の力を発揮するために、環境を整備し、成果を上げられるよう奉仕できるリーダーが求められているのである。

そう言えるのは、そのようなリーダーのいる企業が現実に業績を伸ばしているからだ。

リーダーシップは先天的な才能ではない。身につけるためには、常に挑戦し努力することが必要だ。それは、常に学習し、常に研究し、常に習得し続けるということだ。

防衛大で学んだリーダーシップは、私にとって大変役に立っている。優秀なリーダーたちからは実に様々なことを学んだ。

さらには、外出禁止という一般大学と違い自由のない環境も良かったのかもしれない。なぜなら、空いた時間はとにかく本を読んでいたからだ。そしてそこから多くの学びを得た。

入り口を大きくしてインプットをはかれ

誰でも仕事にはインプットとアウトプットが欠かせないが、リーダーにとってインプットは特に必要欠くべからざる重要なものだ。インプットがなければアウトプットはできないし、インプットが多ければ多いほど考える選択肢は増えていく。最も手っ取り早くインプットできるのが読書だ。なにせ、高くても数千円で必要な知識、先人の英知を得ることができるのだから。

であるから、私は今でも読書を怠らない。自分が研修を生業としているにもかかわらず、研修を受けに行くこともしょっちゅうだ。教育の研修、営業の研修、不動産投資のセミナーなど、仕事を円滑に進める上で自分の知らないことがあれば、好き嫌いだけで選り好みせず、知識としてインプットすることにしている。

小説はあまり読まないが、経営実務書や歴史書などは防衛大のころもたくさん読んだ。例えば、松下幸之助氏、稲盛和夫氏など、誰もが知っている重鎮の著書は何冊も読んだ。ビジネス書というのは、書かれている内容の多くはどれも似ている。どれも似ているということは、その内容は間違いないと思うので実践することにしている。

いろいろな本を読んだ上で、情報が共通していればしているほど、その情報を信用する。逆に、例えばテレビ番組を見ていてコメンテーターがぽろっと話した情報や、SNSなどWEB上でチラっと見た情報は、気には留めてもインプットしないことにしている。たとえそれが、良さそうな情報であっても1人が言っているだけの情報は絶対に信用しない。そんな情報もあるのかと受け止めはするが、自分でそれを調べないと信用できないからだ。

人は自分が関心あることとか、興味が持てることに関しては、情報が入ってきやすいものだ。好きなことにアンテナが向くからだろう。でも、リーダーとしては、それでは入り口が小さく狭くなってしまい、大したインプットはできなくなってしまう。

知らないことはたくさんある。でも部下に伝えるべきこともたくさんある。

そのためには、リーダーは常にインプットをはかっていなくてはならないのだ。

そして、インプットしたものはどんどん応用していくべきだ。

仮にうまくいかなかったとしても、自分自身の糧として徐々に蓄積されていき、リーダーとしての力になるだろう。

18

伝えたいなら
リピートせよ

主観で理解させるな

「伝える」と「伝わる」は違う

防衛大には指導教官と呼ばれる現役の幹部自衛官がいる。大隊には大隊指導教官、中隊には中隊指導教官、小隊だと小隊指導教官と各隊にこの指導教官がいる。

出会いとはありがたいものだ。たった一つの出会いで人生は大きく変わる。在学中に出会った「Ｄ３佐（３佐は昔で言う少佐のこと）」は本当に素晴らしかった。全ての学生に平等に接して、学生からの人気も高かった。素晴らしい先人との出会いは学びの連続だ。そして何よりもＤ３佐からは「人にものを伝えるときの大切な考え方」を教えてもらった。

あるとき、Ｄ３佐の部下である小隊指導教官から小隊の全学生が休暇前の行動計画表を出すように命じられた。私はその週の週番任務に就いていたので、行動計画表を提出するのは私の役目だった。

いざ提出してみるとその小隊指導教官にこっぴどく怒られた。「行動計画表の書き方が違う」「もっと早く提出するべきだ」に始まり、揚げ句の果てには私の「態度が悪い」と、もはや提出物とは全く関係ないところまで声高に指導された。

その光景を見ていたD3佐が静かに口を開いた。

「まぁそう怒るな。俺は濱潟学生がミスを犯したとは思わない。伝えると伝わるは違う。そもそも、記入方法も含め詳細は伝えたのか」

D3佐が小隊指導教官をたしなめてくれたおかげで、指導はその場で終わり、私へのお咎めもそれ以上なかった。改めて、書き方と、いつまでに提出するのかという詳細を教えてもらった。


「伝える」と「伝わる」は違う。

数々の修羅場をくぐってきた現役の幹部自衛官の言葉は重かった。

ミスコミュニケーションを防ぐ3つのポイント

こちらが「伝えた」と思っていても相手に「伝わっていない」ことなど多々ある。

リーダーには特にこの「伝達力」が大切になる。リーダーの伝達一つで強力な組織にも非力でバラバラな組織にもなる。

組織の動きを加速させるも止めるも、それはリーダーの「伝達力」にかかっている。

D3佐から学んだ「相手に伝わらなければ意味がない」という考え方は、実際に自分が管理職になったときにも意識した。

チーム運営をするにあたって一番もったいないことは、部下とのミスコミュニケーションである。ミスコミュニケーションのせいで、本来ならうまくいくことが、うまくいかないことも往々にしてある。これは絶対に避けたい。

ミスコミュニケーションを防ぐために必要な3つのポイントを紹介する。

特殊なものではなく、誰でもすぐに実践できる。そして、リーダーは現場を混乱させないためにも、この3つは確実に押さえなければならない。

①自分で整理してから指示を出す

②あいまいな表現はしない（5W2Hの徹底）

③部下にリピート発言をしてもらう

まず、自分の頭で考えない行き当たりばったりの指示は絶対に避けねばならない。この類の指示を出しているリーダーの組織がうまく機能しているのを今まで見たことがない。頭の中で整理してから指示を出す。これは指示を出す側としての大前提である。

次に、あいまいな表現は絶対にしてはいけない。ビジネスコミュニケーションの基本は5W2H（When、Where、Who、What、Why、How、How much もしくはHow many）である。この5W2Hを度外視すると指示を出された側は混乱する。

現場からしてみると混乱は迷惑以外の何物でもない。

私が入社1年目のころ、上司と待ち合わせすることがあった。新橋駅の烏森口改札を出てすぐの場所での待ち合わせだった。ただ、人が多かったこともあり、上司がどこにいるのか見つからない。そもそも烏森口改札を出て「すぐ」という指示があいまいだ。改札を出て1メートルの場所なのか5メートル先の場所なのか、「すぐ」などという表現は人の肌感覚でどうにでも変わる。

結局、約束の時間になっても上司と合流できない。携帯電話で「今どちらですか」と聞くと、上司は「こっちこっち」と言う。今度は「こっち」というのがどちらなのかが分からない。最終的に会えたのは烏森口のみどりの窓口前だった。最初から「烏森口のみどりの窓口前」と指示を出してくれていたら余計に時間を使うこともなかったし、またこちらも指示をあおぐべきであった。

あいまいさを排除するということはとても大切である。そして、排除するために手っ取り早いのは数値表現である。

防衛大では、あいまい表現は絶対に許されなかった。書類やメールを出すときも、「明日の」という表現などは使わない。「明後日」や「昨日」といった表現も使わない。全て明確な日付で表現する。「2017年10月6日（金）の9時30分までに……」。そしてこの後にどこで誰が何を……といったことが続く。

数値表現できるところは全て数値化する。数値表現するだけでミスコミュニケーションを防げるのであれば、これほど便利なものはない。

3番目の「リピート発言をしてもらう」というのも本当に大切である。これは指示した内容が部下に本当に伝わっているかどうかをリーダー自身が確認するために使う。この確認を怠っているリーダーは意外に多い。

例えば、「10月6日（金）12時までに利益管理表を提出するように」と、部下に指示を出すとする。ここで大切なことは、指示を出して終わりにしないということだ。指示を出したらすかさず部下に「分かりました。10月6日（金）12時までに利益管理表を提出いたします」とリピート発言をさせる。これでフィックスとなる。

これは逆も然りである。部下からの依頼に対してはリーダーであるあなたもリピート発言をする必要がある。

「10月6日（金）の10時に打ち合わせをさせてほしいのですが……」

「10月6日（金）の10時に打ち合わせＯＫ」

といった具合だ。

リピート発言は、混乱を事前に防ぐためにとても大切だ。たったひと手間なので、ぜひとも実践していただきたい。

何でも数値化せよ

営業担当がやる気を表現するとき、「来月はもっと頑張ります」という言い方をよくするが、これもあいまい表現である。

やる気が正しく伝わる表現は、「今、顧客数は１２０社です。これを１５０社に増やしたいので、あと30社の開拓をしなければなりません。1カ月で30社の開拓を目指したいので、5日で7社を確実に開拓していきます」というのがベストだ。

加えて、ミスコミュニケーションを防ぐために次のような表現を導入してみてほしい。

「すぐに」は「10分以内に」、「のちほど」は「13時30分までに」、「もっと企業を開拓します」は「30社の企業を開拓します」、「多くの取引先データによると」は「100社の取引先のデータによると」、このようにできる限り「数値表現」を使う。

どれもよくうっかり言ってしまうあいまいな表現である。「あいまい表現」を数値化すると、コミュニケーションの質が上がり、「仕事の環境」の質が格段に上がる。そして、環境の質が上がれば、「アウトプットの質」が上がるのだ。

「伝えたか」どうかではなく「伝わったか」どうか。

部下に伝わる発信を行う、部下に伝わる指示を出す。

これもリーダーの大切な仕事である。

19

浮かれたコミュニケーションはするな

組織を一枚岩にする本物のコミュニケーション

本気でぶつかり合わせろ

防衛大生のとき、〝嫌われる学生〟にはなくて〝尊敬される学生〟だけが持っている力があると気付かされた。それが「人を惹きつけ動かす力」だ。そして、その力は「コミュニケーション力」によるものがほとんどだった。

防衛大の尊敬される学生は、コミュニケーション力に長けていて、それは会話がうまいとか、おだて上手とかではなく、リーダーコミュニケーションが見事なのだ。

ここで間違ってほしくないのは、コミュニケーションというと、何となく、和気あいあいとした雰囲気で、楽しく会話をすること――というふうに思う人がいるが、そんな浮かれたコミュニケーションではないということだ。**浮かれたコミュニケーションは時として、組織としてのメリハリをなくす。**

私が言いたいのは、相手の立場になって考えたときに、「その場しのぎのコミュニケーションはやめよう」ということである。相手が本気で自分に意見を言ってくれていると思えば、こちらも必ず本気でコミュニケーションを取ろうという姿勢になる。

コミュニケーションはコミュニケーションでも、小手先ではなく、真っ向から本気で真剣にぶつかり合うようなコミュニケーションが重要だ。そんなリアルコミュニケーションが、最も人と人との距離を近づける。

メンバー同士の点を線でつないでコミュニケーション力低下を防ぐ

たとえリーダーが自分のチームの全員と1対1でコミュニケーションが取れているとしても、メンバー同士でコミュニケーションが取れていなければ、チーム全体としてはコミュニケーション力は低下していく。**コミュニケーションがなくなった組織に待っているのは「衰退」の2文字だ。**

前述したが、私は最初、共通認識としてまずは組織の「在り方」を決める。その後、部下1人ひとりに、チームを通して3年後、5年後のビジョンを思い描いてもらう。それに対して、どういう進捗になったのかということを、月に1回のミーティングで確認し合う。

このようなミーティングを開くと、こうやったほうがいいとか、ああやったほうがいいとか、どんどん意見が出てくる。ところがそれが活発になるにつれ、似た者同士に限って意見がぶつかり合う。

似た者同士は、互いのことを素直に喜べないという雰囲気になるので、すぐに分かる。「俺だったらもっとうまくやるけどね」などという、負け惜しみが出てきたら要注意だ。放置するとエスカレートしていき、自分の意見を自由に言えない空気がつくられていく。最悪、情報を隠したり、派閥ができたりする。こんな組織になると成果もへったくれもなくなる。

このようなことが起こる原因の一つに、人を一面的にしか見ていないということがある。点でしか見ていないとも言える。その人のいろいろな点を増やして線でつなげていくと、実はそれほど嫌な人ではなかったということも多々ある。

リーダーは線をつなげていかなければならない。

コミュニケーション力が低下していかないように、もし、AさんとBさんがそりが合わないようなら、会議の席ででも、Bさんの発言に対して「Aさんはどう思う？」というように、リーダーが聞くようにすればいい。線でつなげるためにリーダーはこのひと手間を省いてはいけない。そりが合わないのは、お互い相手のことをよく知らないことが一番の原因である。それならば、お互いがお互いをよく知る環境をつくればよい。

何事も場数だ。最初はうまくいかなくても、点でつなぐ作業である「全員で何かやるという機会」をとても大切にし、そういった機会をとにかく増やせばいい。

私はデリバリーを頼んで社内で飲み会を開き、そりが合わないメンバーの座席を絶妙な距離に配置して、理解し合えるような場を設けた。理解し合えるようになると、部下たちのコミュニケーションも活性化する。

これらはリアルコミュニケーションのために有効だ。

20

1人欠けても銃は撃てない

人は城、人は石垣、人は堀

誰一人として無駄にしない

前章で、それぞれに与えられた役割には「目的」「重要性」「必要性」があると説明したが、そんな部下の配置を考えるときの大切なポイントが一つある。

それは、各配置に新たなリソースを当てはめるのではなく、今あるリソースを最大限に使ってまずは配置を考えるということだ。

リーダーは人から与えられることをあてにしてはいけない。今あるリソースをフル活用する必要がある。

チームのリソースといえば、まずは部下、部下1人ずつの時間、そしてチーム全体の予算などである。これらをフル活用してチームとして最大の成果を出せるよう配置を考えてみよう。

リーダーの基本姿勢は、部下を絶対に見捨てない、誰一人として無駄にしない、そして今いる部下の力を最大限借り、チームとして最高の成果を出すというものだ。

防衛大生は入校すると同時に1人1丁、「64式小銃」と呼ばれる自動小銃を与えられる。「銃は命より大切なもの」と指導教官や上級生から徹底的に教育される。

この「64式小銃」を使った射撃訓練もある。また、パレード訓練で使用することもあった。銃は命よりも大切なものだと指導されるので、使用後はもちろんのことそれ以外でも定期的に整備をする必要があった。

「分解結合」と言って、銃を分解して、整備した後にまた結合して組み立てるという訓練を何度も行う。この訓練にはスピードも求められた。部品の数は53点と多く、一つでも紛失すれば学生全員で見つかるまで捜さなければならない。部品がなくなったら新しい部品をすぐに貸与されることなど決してない。

一つでも結合方法を間違えれば銃としてうまく機能しない。全ての部品に目的があり、そして重要な役割がある。上級生からは部品一つひとつの重要性を耳が痛くなるほど教えられた。全ての部品がそろって初めて銃となる、不必要な部品など一つたりともないのだ、と。

組織も同じだ。部下は人なので部品と比べるのはいかがなものかと思うが、決して代えの利かないものである。1人の部下がうまく機能しないから、と、すぐに新たなる戦力を入れる、入れようとするという考えを持っていては必ず失敗する。

何度も言うが、まずは今目の前にいる部下たちの力を最大限活用することを考えなくてはならない。

全ての部下に大切な役割があり、部下はその役割を全うする必要がある。

そして、全ての部下に役割を全うさせるのもリーダーの大切な役目なのだ。1人ひとりが役割を全うして初めて、動き続ける組織になる。1人ひとりの果たした役割の集合体が組織力である。

そのためにリーダーが、部下1人ひとりに役割の「目的」「重要性」「必要性」を発信し続けることが重要だ。部下の心に届くまで、何度でも、何度でも発信し続ける、これもリーダーの大切な役割だ。

戦国武将で有名な武田信玄は、常々言っていた。

「人は城、人は石垣、人は堀、情けは味方、仇は敵なり」

人一人の力や才能が十分に発揮されれば、強固な石垣や堀のある城のように頼りがいのある集団となる。信玄ほどのリーダーでさえ、石垣一つなければ、堅固な城を築くことはできないのだ。

今あるリソースをフル活用し、リーダーは組織として最高のアウトプットを出し続けなければならない。

誰一人として無駄ではない。誰一人として見捨てない。

そして、全ての部下を戦力化させる。

部下1人ひとりが役割を全うした先には最高の成果しかない。

21

最高の姿を共有しろ

防衛大「弁食作業」から学ぶ良質なアウトプットの出させ方

「弁食作業」の大失敗

これまで何度も紹介しているが、リーダーの仕事は「部下のポテンシャルを最大限に引き出し、部下の力を借りて、組織として最高のアウトプットを出す」ことだ。

そのために明確にしなければならないものが「アウトプットイメージ」だ。

アウトプットとは行動することによって生まれる形であり、「アウトプットイメージ」とは仕事に取り掛かる前に掲げるべき、最終的かつ最高のアウトプットのイメージだ。

私は防衛大でのある失敗から、「アウトプットイメージを部下と共有する」ことの大切さと、「明確な納期を設定する」ことの重要性を身に染みて感じた。

「学生舎」と呼ばれる寮の運営を円滑に行うために、防衛大では様々な作業がある。

毎週火曜日に全学生のシーツと枕カバーを交換する「シーマ作業」と、毎週金曜日に中隊ごとに土日の食事を支給する「弁食作業」が代表的な作業だった。「作業」は各隊から選出された1学年が「作業員」となり、作業を決まった時間までに滞りなく終わらせるために「長」と呼ばれる上級生が「作業員」を監督する。

私が2学年となり、初めて「長」として携わった作業は、「弁食作業」だった。先述したが「弁食作業」とは、全学年が土日に食べる食料を支給する作業である。防衛大生は、平日は外出できない。土日は外出できるのだが、土日用の食事として、パンやおにぎり、カップラーメンやレトルトカレーなど多種の食料を金曜日の夕方に支給する作業を行うのである。

2000名前後からなる組織「学生隊」は、「大隊」と呼ばれる4つのグループから編制されている。さらに、一つの大隊には「中隊」と呼ばれる4つのグループがあり、またその「中隊」も「小隊」と呼ばれる3つのグループで編制されている。

弁食作業は中隊ごとに行われるが、一つの中隊は100名前後の学生で編制されているから、土日2日の朝昼晩の6食分は膨大な量になる。

その約600食分を決まった場所に取りに行き、各部屋に均等に配るわけだが、当然1食1個のパンでも欠けることは許されない。

ところがある日、過不足なく支給されるはずの弁食が、終わってみると1人分余ってしまった。結果から言うと、このような事態になったのは長である私のミスだ。

私は各学生の机の上に土日の計6食分の弁食を置くことをイメージしていたのだが、1学年の作業員は、机の上ではなく、とりあえず部屋の中に部屋っ子全員分の弁食を置いて終了だ、と認識していたのである。

各学生の机の上に弁食を置いていけば、どの学生の弁食が足りないのか、置き忘れてしまったのかがすぐに分かるのだが、この1学年のやり方では、各部屋に入ってもう一度、机の上に置きなおして確認していかなければ、どの部屋の分が足りていないのかすぐには分からない。

その上、私は作業終了時刻も「今から1時間くらいで終わらせよう」と、あいまいな表現でしか作業員に伝えていなかった。

私の「1時間くらい」は55分から65分という認識だったが、作業員は45分から75分程度だと思っていた。結果的に1人分余ってしまったことが分かったのも作業開始から75分後だった。

どの学生の弁食が足りないかを探し始めてから、さらに1時間かかり、結局、その日の弁食作業は2時間以上かかってしまった。

その後、私は作業員の監督不行き届きで上級生から厳しく指導された。私は「長」としての責務を全く果たせなかった。

アウトプットイメージを共有せず、納期もあいまいだった

弁食作業の大失敗の要因は2つある。

1つは、その仕事における「最高の形のアウトプットイメージ」を作業員と共有できていなかった」ことだ。各学生の机の上に6食分の弁食を置くことが私のアウトプットイメージだったが、作業員のアウトプットイメージは、各部屋に人数分の弁食を配ればいいというものだった。

2つめは、私が「明確にすべき納期（期限）」の設定にあいまいな表現を用いてしまったことだ。人によって「1時間くらい」という捉え方は様々だということが分かった。「長」である私が、明確なアウトプットイメージと納期を作業員と共有していればこのような事態にはならなかった。

そもそも、掲げたアウトプットイメージ通りに仕事が進むことはほとんどない。全て、イメージ通りにいけば倒産する会社などこの日本には存在しない。

大切なのは、当初掲げたアウトプットイメージに近づけるように仕事を進めるということだ。そして、リーダーは部下の力を借りて決められた納期までに組織のアウトプットの質を高めていく必要がある。

部下1人ひとりが掲げるアウトプットのイメージとリーダーの掲げるイメージがズレていれば、アウトプットの質は確実に落ち、本来ならまとまる組織もまとまらない。そもそも、納期すらあいまいにしていたら、最高のアウトプットは生まれない。

リーダーは、常にアウトプットイメージを高めていく必要がある。
リーダーは、掲げたアウトプットイメージを全ての部下と共有する必要がある。

アウトプットイメージと納期の共有は、アウトプットの質を高めるために最低限行う必要があるものだ。

Column

訓練によって
百発七十中

―― 東郷平八郎 ――

意味……まずは現場でできることからやる

100発100中は無理かもしれないが、70中は期待できる。

それは人材育成でも同じだ。

月の売上が30万円しかない営業担当に、いきなり100万円に上げろと言っても無理かもしれない。ただ、50万円であればいける可能性はある。

50万円を達成したら、次は70万円、次は80万円……というように、少しずつ足し算を続けていくように、達成してゆけばよい。

まずは今できることを確実に行っていくことが大切だ。

そしてそれが、求めるアウトプットを出すための近道だ。

成果力

チームが最高の戦力を発揮する仕組み

5

22

リーダーは、誰よりも働け

人を惹きつけ、動かす力

目の前の部下に全力で向き合え

防衛大で尊敬される学生は「目の前の人に集中する力」に長けていた。そして彼らは共通して「人を惹きつけ、動かす力」を持っていた。それは、ただ会話がうまい、おだて上手、甘やかすなどで人気を取るといった表面的なものではない。表面的なコミュニケーションはすぐに化けの皮がはがれる。

真のコミュニケーション力とは「この人のためなら心の底から頑張れる」「この人のためなら自己犠牲すら厭わない」と思わせるものだ。

メンバーを惹きつけ、動かし続ける。ある意味、最強の力かもしれない。

この力を身につけるために必要なものが「目の前の人に集中する力」だ。

先述したドラゴン部屋長もその1人だ。

彼からは人を惹きつけ、動かすために必要な「目の前の人に集中する技」を教えてもらった。

私が在籍していたころ、1学年は消灯後に同部屋の上級生にマッサージをするという大切な仕事があった。部屋の上級生は4学年、3学年、2学年と少なくとも3名以上はいた。上級生が眠りにつくまでマッサージは延々と続く。夜中の2時、3時まで続くこともざらにあった。その日1日の疲れもあり、睡眠不足では翌日も展開される厳しい生活をとても乗り越えられない。

正直、当初は毎日このマッサージが苦痛だった。

ある日、嫌々マッサージをしていたら部屋の上級生にひどく怒られた。

「お前、手を抜いてるだろ」

「抜いていません」と言うと、「ウソをつくな」とさらにひどく怒られた。

怒られている私を見てドラゴン部屋長が静かに口を開いた。

「手を抜いていると思われたら駄目だ。お前が疲れているのも分かる。でも、そんな感情はいったん捨てて、今目の前にいる上級生に全力で向き合え。目の前の人間を満足させられないヤツに人はついてこない」

最初は意味が分からず、理不尽とさえ思った。しかし、ドラゴン部屋長のことを尊敬していることもあり、まずは「目の前の人に全力で満足してもらう」ことだけを考え実践した。

マッサージを行うときは、上級生に満足してもらうよう必死に話しかけ、ツボを押したときの1人ひとりの反応も見逃さないようにする。快眠に誘うツボをマスターしてみたり、ひたすら目の前の上級生の満足度向上を追求した。

毎日繰り返すうち、まずマッサージの練度が上がった。そして上級生から褒められるようになった。最終的には、他の部屋の上級生からもマッサージを依頼されるようになった。恐怖の対象であった上級生との距離がグッと近づいた。自然と上級生から指導される回数も減っていった。

自分の利己的な感情を捨てて、ただ目の前の人の喜ぶことを追求し続ければ、人間関係がうまくいくことをドラゴン部屋長から教えてもらったのだ。

その後学年が上がっても目の前にいる人の喜ぶことを追求した。

自分が部屋長になったときもそれを実践したところ、部屋っ子たちに必要以上になつかれた。周りの部屋長からどうやって部屋っ子を教育しているのか、どうやって部屋っ子たちの心を摑んでいるのかと聞かれたが、一つのことしかしていない。

ただ、目の前の部屋っ子たちの満足度を上げること。

誤解のないように言うが、決して甘やかすということではない。部屋っ子がルールを破ったときや言い訳をしたとき、ウソをついたときは烈火のごとく怒っていた。

初めて管理職になったときも部下の感情に焦点を当てて、ひたすら目の前の1人ひとりの喜ぶことを追求してみたところ、高いときで80％もあった離職率が6％にまで落ちた。そして、1人あたりが上げる利益も2年間で2・4倍にまで増えた。

多くのリーダーが目の前の人の喜びはおいて、部外者の満足を追求しようとしてしまう。遠くを見ようとして、近くを見ようとしない傾向にある。部下に「お客さまの満足をもっと考えろ」と言っても、当の部下の心が満たされていなければ、お客さまを最高に満足させることなどできない。それでは本末転倒になる。

リーダーであれば、まずは自分の感情はさておき部下の「感情に焦点を当てる」。

リーダーであれば、目の前の部下の「満足度がどうやれば上がるか」を考える。

これは「目の前の人に集中する」方法の基本であり、部下1人ひとりに最高の成果を出してもらうために必要な力である。

卒業前のドラゴン部屋長から言われたことを今でも思い出す。

「1年間、よく頑張ったな。お前の喜びは俺自身の喜びとして感じることができた。お前の悲しみは自分の悲しみのように感じることができた。ありがとう」

目の前の部下の喜びを自分の喜びと感じ、目の前の部下の悲しみを自分の悲しみのごとく感じるリーダーには、人を惹きつけ動かす力が自然と備わっていく。

リーダーは部下からかわいそうだと思われろ

ここで気をつけなければいけないことがある。目の前の部下の満足度が向上したとしても、チームとしての成果が上がらなければそれはただの「仲良しクラブ」と変わらない。厳しい言い方をすれば、ただのきれいごと以外の何物でもなくなる。

リーダーの仕事は「部下のポテンシャルを最大限に引き出し、部下の力を借りて、組織として最高のアウトプットを出すこと」だ。

部下の感情に焦点を当てると同時に、成果も確実に上げていく必要がある。

部下の感情に焦点を当てつつ、部下全員に「力を貸してもらいたい」と素直に言ってみることをお勧めする。自分たちの満足度を追求してくれるリーダーに、このように言われたら、「力を貸しません」と言う部下はまずいない。絶対に力を貸そうとするはずだ。

部下自身は精一杯力を貸しているつもりでも、もしかしたらリーダーの求めているような「力の貸し方」ではないかもしれない。それは当然のことだ。リーダーと部下も人である以上、それぞれの価値観がある。私自身も「頑張ります」と言った部下に「その程度で本当に頑張っているのか」と疑問に思ったことは何度もあった。

ここでリーダーの器が試される。そう思ったとしてもその疑問をストレートに言ってはいけない。

言う前にリーダーはやるべきことがある。それは「背中で見せる」ことだ。

部下に「力を貸してもらう」には、リーダーは今まで以上に働かなくてはいけない。極端な話、朝一番に出社し、夜は最後に退社するという生活をしてもいいくらいだ。リーダーとしての生き様を見せよう。

「こちらがいろいろ目をかけてやっているのに部下は思った通りに動いてくれない」
「こちらが考えているほど部下がチームのことを考えてくれない」

居酒屋で愚痴を言っている暇があったら、まずはリーダー自身が死ぬ気で働いてみることだ。

自分たちのことを大切にしているリーダーが誰よりも働いている。それも愚痴も何も言わず黙々と働いている。そんなリーダーは間違いなく人を惹きつける。そんなリーダーの姿に部下は間違いなく感化される。感化された部下は今まで以上に力を出す。

リーダーが背中で見せ続ける以上、そのチームの士気が落ちることはない。

「背中で見せる」

意識すれば今すぐできる。そして、それは人を惹きつけ動かす上で非常に大切なことだ。

23
何が起きても、やりきれ

リーダーの義務を果たさず部下に求めるな

自分自身に厳しいリーダーが尊敬される

子供は親の背中を見て育つ。後輩は先輩の背中を見て育つ。

そして、部下はリーダーの背中を見て育つ。

最近はリーダーになりたくないと思っている若手が多いと聞く。その理由は明確だ。憧れるリーダーと出会っていないため、目標とするリーダー像が分からないからだ。

憧れのリーダーを見つけた部下は自分も「こんなリーダーになりたい」と思い、行動する。チームとしての空気が良くなるのはもちろんのこと、新しく入ってきた部下にも好影響しか与えない。


私も防衛大時代に死ぬほど憧れた上級生がいた。通称「ドS先輩」。所属していた短艇委員会の2期上の先輩だった。彼はとにかく他人に厳しかった。あまりの厳しさに入部当初は、苦手で苦手で仕方がなかった。練習時、同じ艇になるとこれでもかというほど負荷をかけられた。防衛大一過酷な校友会である短艇委員会の中でも、とりわけ厳しい存在だった。

しかし、苦手な存在から憧れの存在に変わるのに時間はかからなかった。ドS先輩は確かに自他共に認めるほど他人に厳しかったが、その100倍自分自身に対して厳しかった。そして厳しさの何倍もの優しさを持っていた。

短艇委員会の名物は懸垂だった。鉄棒にぶら下がり、棒の高さまで体を引き上げる筋トレの一種である懸垂。私はこの懸垂がとにかく苦手だった。鉄棒から落ちると殴られた。私以外の同期も殴られた。人間が「くの字」に曲がる姿を初めて見た。今ではこのような暴力指導は全くないようだが、当時はこの懸垂が苦痛で仕方がなかった。

ある日、いつものごとく懸垂ができずに苦悶の表情を浮かべている私の隣にドS先輩が来た。

「お前が懸垂をできるようになるまで俺が隣でやり続けてやる」

ドS先輩は私の隣でひたすら懸垂をやり続けた。回数がかさんでいくとドS先輩の腕は震え始め、苦しそうな声も出し始めたがひたすらやり続けていた。

「俺も最初はゼロ回だった。ただ、必死こいてやったらこのレベルまではいく」

鉄棒から手を離したドS先輩に言われたこの言葉は、努力しているつもりになっていた自分に響いた。

短艇委員会は海上で練習をする。海に向かう途中に通称「ポンド階段」と呼ばれる数百段からなる階段があった。下るときはまだよいものの、上りは大変だった。

たまにこの「ポンド階段」をひたすら上り下りする練習メニューが組まれた。往復回数を教えてもらえないこの練習は肉体的にというより精神的にきつかった。初めてこのメニューを行ったとき確か13往復目の途中で脱落した。漏れなくドS先輩の鉄拳制裁が待っていた。

何とか、上り切って、水を飲もうとしたら、ドS先輩に再びどつかれた。

「**権利を主張する前に義務を果たせよ。**水飲む前にもう1往復してこい」

そのときの形相は鬼にしか見えなかった。

そんなある日、たまたま大雨で練習が休みになった。自主練習も兼ねて「ポンド階段」に行くと、階段をものすごい勢いで走ってくる人がいた。ドS先輩だった。見つかったらまずいと思い、瞬間的に「ポンド階段」の死角に隠れたわけだが、ドS先輩はその後もたった1人で何往復もしていた。雨と汗で体から湯気が出ているのがはっきりと見えた。

人知れず常人の何倍も努力をしているドS先輩を見て、本当にかっこいいと思った。自分もこんな男になりたいと心の底から思った。

それからはドS先輩の背中をひたすら追い続けた。ちょっとでも近づきたかった。

ドS先輩が引退した後、同期から、

「最近のお前はいよいよドS先輩に似てきたな」

と言われ、心の底からうれしかったことを今でも覚えている。

リーダーはどんなことが起きてもやりきれ

仕事柄、多くの経営者や管理職といった世のリーダーに会う。

「部下に思いが伝わらない」

「部下が言われたことしかやらない」

「自主的に動く部下がいない」

このような悩みを持っているリーダーは多く、よく相談もされる。

これらの悩みを解決するために、リーダーが最低限やらなければならないことがある。

それは「率先垂範」をすること。部下にリーダーとしての自分の生き様を見せればいい。

部下にこうしてほしいと言う権利を発動する前に、まずはリーダーとしての義務を果たさなければならない。誰よりも自分に厳しく、目の前のことに立ち向かっていくリーダーを見て心を動かされない部下はいない。

自主的に動き続ける部下は、背中で見せ続けるリーダーの下でしか生まれない。背中で見せられないリーダーの下に「強い部下」は育たない。

どんなことが起きても、乗り越える。
どんなことが起きても、やりきる。
どんなことが起きても、誰よりも努力をする。

リーダーは強い気持ちで部下を引っ張らなければならない。

「権利を主張する前に義務を果たせ」

ドS先輩からのこの教えは10年以上たった今でも忠実に守っている。

24

1人の人間として部下と向き合え

部下との距離を縮める最高の方法

部下の行動に全力で対応せよ

「社員に元気がなくて困る」「覇気のない部下が多い」「社員が何を考えているのか、どうにも分からない」といった悩みをリーダー研修参加者や経営者からよく聞く。

このような話を聞くと、私が防衛大1学年時に3学年だったGさんを思い出す。

1学年からすると3学年など神のような存在だった。1学年は上級生とすれ違うときは、いつも敬礼をしながら大きな声で挨拶することをルール化されていた。上級生に対する挨拶を忘れることは「欠礼」と言われ、「欠礼」をした瞬間に過酷な指導が始まり、その1日は最悪なものとなる。大げさでも何でもなく全身全霊で「おはようございます」「こんばんは」と挨拶をする。朝夕は1学年の挨拶が学生舎中に響き渡る。

多くの上級生はこの1学年の全力挨拶に対して、小さな声でしか挨拶を返さなかった。中には、1学年の挨拶に対して面倒臭そうな態度を取る上級生もいた。ロクに挨拶を返さない上級生ほど1学年を理不尽に指導していた。

このような上級生が多くいる中、Gさんは違った。1学年が「おはようございます」と挨拶すると、Gさんも「おはよう！　今日も1日頑張ろう」「挨拶良好！」などと言って、いつも全力で「挨拶」を返してくれた。Gさんの声はとても大きかった。そして、何より理不尽なことは一切しない、人柄抜群の上級生で下級生からも人気があった。

理不尽なことをしない上級生は他にもいたが、なぜGさんがこれほどまで下級生から人気があるのかと、ある日、同期と話したことがあった。同期は口をそろえて同じことを言った。

「こちらの行動に対して全力で応えてくれるから」

下級生とか上級生とか関係なく、Gさんは1学年1人ひとりに対して全力で応えてくれていた。Gさんから学んだことは、役職や肩書の前に1人の人間として付き合っていくことの重要性だ。

社員に元気がないのであれば、こちらが全力で挨拶をしてみればいい。社員が何を考えているのか分からないのであれば、こちらから話しかけて全力で向き合えばいい。

リーダーは部下の一つひとつの行動に全力で対応する必要がある。手を抜くとそれは部下にも伝わる。逆に全力で対応すると、今度はリーダーのエネルギーが部下に伝わる。

部下の挨拶の声が小さければ、もしかしたらリーダーの挨拶の声が小さいのかもしれない。部下が何を考えているのか分からなければ、それはリーダーが自分の考えや思っていることを部下に強力に発信していないのかもしれない。

「リーダー対部下」の前に「人対人」としての関係を強固にする必要がある。強固になればなるほど、心が通う人間関係になり、仕事の面でも必ずプラスとなっていくはずだ。

役職や肩書にこだわるな

先にもお伝えしたが、Gさんから学んだことは、役職や肩書以前に1人の人間として付き合っていくことの重要性だ。

「社長である私がここまで言っているのだから」

「社長である私がこんなに働いているのに」

「社長である私が……」

部下は言うことを聞いて当たり前だ、などという思いでリーダーシップを発揮しても、誰もついてこない。

私自身、管理職になったとき、1人の人間として接し、部下との距離を縮めることを本当に意識した。部下との距離はリーダーの意識、行動次第で近くもなるし、遠くもなる。

私自身、とにかく**部下1人ひとりのことを、1人の人間として知ろう**と実践した。部下の趣味、好きな音楽、好きな食べ物、好きなスポーツ、出身地、子供のころの話、家族の話、成功談、失敗談など、何でもいいからまずは話をして、部下1人ひとりとの話を広げる努力をした。同時に、自分自身をよく知ってもらう努力もした。

アクション映画が好きな部下とはその話で大いに盛り上がった。グルメ好きの部下がお薦めする店には時間が許す限り行ってみて感想をシェアした。いつの間にか、その部下と一緒に食事に行くようになった。

部下とそこまで付き合うのは苦手だというリーダーが実際に多いことも分かる。ただ、全力で付き合ってみないと部下1人ひとりと、より良好な関係を構築することはできない。

リーダーが全力で付き合うことによって、部下との距離は縮む。

ポテンシャルを引き出すためには、距離を縮める必要があることは言うまでもない。役職や肩書の前に、まずは1人の人間として部下と向き合い、行動する。

そんなリーダーについてこない部下はいないはずだ。

25

生きたマニュアルをつくれ

防衛大の「清掃申し送りノート」に学ぶ価値・情報の高め方

誰がやっても、リーダーがいなくとも

日本広しと言えど、防衛大ほど清掃が徹底されている組織はないかもしれない。

防衛大では1学年が、学生舎のトイレ、洗面所、応接室など、ローテーションで回しながら、ありとあらゆる所をピカピカに清掃する。手順は決まっており、清掃を終わらせる時間も決まっている。各清掃場所には2学年の「長」がいて、その監督の下、厳しいチェックを受ける。チェック項目を満たしていなければもちろん厳しい指導が待っている。

この清掃には「申し送りノート」と呼ばれるマニュアルがある。このマニュアルには清掃の手順、清掃に必要な清掃用具、そして何よりも「長」である上級生から指導指摘された内容をこと細かに漏れなく書き込む。そして、次の清掃担当者に完璧に申し送る。

そのマニュアルノートの通りに清掃すれば、誰がやっても同じようにピカピカになる仕組みがつくられているわけだが、場所によって手順やルールは違うので暗記するのは大変

だった。

例えば、拭き掃除だ。拭き掃除には「下拭き」と「上拭き」の2種類がある。拭き方、順番なども違うが基本的には床と平行な部分は全てきれいに拭き取る。ほこり一つ残さない。何よりも厄介なのが「上拭き雑巾」だった。「上拭き」は常に新品同様の真っ白な雑巾を使わなければならない。

少しでも汚れていれば、即座に言われる。

「この雑巾で顔を拭け！」

そのため1学年は休日になると真っ白な雑巾を横須賀の100円ショップで大量購入していた。

掃除の終わりには「長」から、「上拭き雑巾が汚い」「動きが遅い」「ホコリを拾い忘れている」などのフィードバックがあり、それを全て「申し送りノート」に記載していく。

また、清掃の手順だけでなく、「タワシがもう一つ必要」と書き込んであったり、「窓ガラスは重点的に清掃する」と書き込んであったりする。ノートに書かれていなければ、「長」に言われたことを、次々と申し送りとして書き込んでいく。しっかりと申し送られていなければ、その際はもちろん申し送ったほうも申し送りを受けたほうも、双方が連帯責任で指導されることになる。

申し送りを書き留めることによって、マニュアルが日々更新されていく。蓄積されたマニュアルは「生きた情報」と言っても過言ではない。

この「申し送りノート」を使用すれば、誰がやっても、たとえ「長」が不在のときでも、同様の清掃の成果が出せる。全ての1学年が、指導されないために、今日1日を生き抜くために、この申し送りノートを必死で書いていた。

「マニュアル」「情報」の価値を高めていくために日々更新する

管理職になったばかりだというのに人の入れ替わりが激しく、困っていた私はこの「申し送りノート」の仕組みを利用した。1人ひとりに時間を取って細かなこと全てを教えている時間のゆとりがなく、いわば時短のためであった。「電話応対」「社内システム」「問い合わせ対応」など、様々なマニュアルを作成していった。

実際に私がつくったマニュアルを現場で使用してもらい、マニュアル通りではうまくいかない、このように改善したほうがいいというようなことを、誰でも思いついた人が「申し送り」として書き込んでいくようにしたのだ。

自分たちで感じたこと、改善したことも付け加えていったが、特に、お客さまから「褒められたこと」「指摘されたこと」「怒られたこと」などを日々付け加えていくようにした。ほしかったのはただの「取り扱い説明書」ではなく「生きたマニュアル」だった。

このマニュアルを使うようになり、徐々に仕事の成果が出始めた。

最初は情報共有の意味合いが大きかったが、既存のものの価値を高めていくことにみんなのベクトルが向くようになった。情報の価値も高められていくが、結局はマニュアルの価値そのものが高まっていった。

この「申し送りノート」をつくる前は、各メンバーにはお客さまの声を口頭で報告してもらっていた。ただ、口頭での報告では記憶に残らない。そのときは覚えているが、組織としてのノウハウはたまらない。何よりも報告をした者、報告を受けた者にしか共有されない。それでは、効果がさほどではない。全員が同じように成果を出すためには組織における情報共有とその整備が必要だ。

このようなこともあり防衛大時代の「申し送りノート」のようなマニュアルをつくった。クレームも含めて現場のことがリアルに分かるようになったのである。

新人には最新の内容しか書いていない何月何日版という「マニュアル」を虎の巻として

用意して、一番新しいところだけを見てもらう。

「情報共有・情報整備」のためのマニュアルは、「お客さまの声」を加えていった結果、「誰もが一定の成果を出すため」のマニュアルに変わっていった。

大切なことは誰でもある程度の一定の成果を出せる状況にするということだ。落ちこぼれなんてものは絶対につくらない。2対6対2の法則で言えば、下位2割は絶対につくり出さない。マインドが整っていれば、次は技術だ。技術はマニュアルで、ある程度どうにでもなる。この2つをしっかりと押さえれば、その組織で真ん中の6割には入れる。

いつの間にか部下たちは、自分たちで考え、上書き改善を行うようになる。

組織の空気は良くなった。そして、私自身も部下の管理がやりやすくなった。

そして、何よりもマニュアルを日々更新することによって、私がいなくても考え行動する部下が増えた。

生きたマニュアルは、自分の部下たちを組織の上位2割の人材に育てるために最低限必要なものなのだ。

26

「機会指導」で戦力化せよ

身につくチャンスを無駄にするな

その場で指導せよ

防衛大の指導の基本方針は「機会指導」である。

機会指導とは、規律を守らなかったり、やるべきことを放置していたりしていて、指導を必要とするシチュエーションが生まれたとき、後回しにせずその場で指導することだ。例えば、汚い服装で廊下を歩いていると上級生は間髪を容れずにその場で指導をする。決して後回しにすることはない。私もこの機会指導で痛い目に何度もあった。

機会指導は部屋でもどこでも行われるのだが、指導される多くの場合に共通点があった。

「無駄なことを行っている」
「今必要ではないことを行っている」
「やるべきことを放置している」

これら3つのことをしてしまったときは機会指導が行われた。自分では必要だと思っているけれど、経験豊富な上級生からすると無駄・不必要だと思われることが当然ながら多くある。そのたびに漏れなく指導された。

この機会指導の最大のメリットは「自分では正しいと思ってやっていることも客観的に見ると実は今やるべきことではない」ということを分からせてくれることである。

そして、指導されるたびに自分の中でも経験値がたまっていき、次第に今やるべきこと、今やらなくてもいいこと、実は無駄だったこと、など物事の優先順位を考える習慣が身につく。

この機会指導は自分が管理職になったときにも導入した。ただし、機会指導の真意と導入する目的はしっかりと伝える必要がある。一生懸命に目の前の仕事を行っているにもかかわらず突然指導されれば、そこからは混乱と反発しか生まれない。


なぜ機会指導を行うのか。

それは、部下1人ひとりにいち早く成長してもらうため。そして、自分自身でしっかりと優先順位を考える習慣を持ってもらうためだ。

何よりも、部下を否定するために機会指導を導入するわけではないので、指導されたら私を信じて一度愚直なまでに改善してもらいたいとお願いする。

頭ごなしに指導されれば反発を生むだけだが、「お願いします」とリーダーが素直に言うと反発は生まれない。

そして、指導後に改善されれば、そこは先述した「絶対評価」のやり方で、必要以上に褒めた。

気づいたことは必ずその場で即座にアドバイスする。「自分たちでは正しいと思ってやっていることが、実は必要ないことだった」「今すぐにやらなければならないと思ったことが、実は今すぐにする必要がないことだった」など、部下の行動のズレをすぐに伝えることが人材育成には欠かせないし、リーダーの仕事でもある。

数カ月もたつと、部下たちが変わり始めた。それまでは行き当たりばったりで仕事をしていた部下も優先順位を考えるようになった。優先順位で悩めば即座に相談が来るようになった。当時毎朝1日の行動プランニングを部下とマンツーマンで行っていたのだが、そこでも、それまで以上に部下が自主的に考えてプランニングを行うようになった。部下同士でも自分たちの仕事の優先順位を話すようになり、チームとしての空気も活性化した。

「今何をすべきなのか」ということを考える部下が増えたことは本当に良かった。

ついつい、その場の状況などを考えると指導が後回しになるリーダーは多い。ただ、それは部下の戦力化を遅くさせていることと同じだ。リーダーはいち早く部下を戦力化させて、チームとして最大の成果を上げなければならない。

そしてもう一つ、**機会指導を発動することは、ビジネスはもちろん、ビジネスマナーを身につけるチャンスにも適している。**

私が研修に入った企業において、部下の仕事をするときの「態度」に対して不満を持っている管理職は意外に多い。

こちらから話しかけたとき、パソコンのディスプレイから目を離さず適当に相槌を打つ。

こちらから注意をしているときにスマホから目を離さない。

朝の挨拶の声が小さい、などなど……。

多くの仕事を抱えているリーダーがこれらのことでストレスを感じること、これこそ時間の無駄だ。

これらのことは部下1人ひとりにとって「損をする」行動となる。私は部下1人ひとりに損をさせたくないと伝え、ビジネスマナーに対しての機会指導を行った。

後になって「あのときの君の行動は……」などと注意をしても、注意されたほうはたまったものではない。最悪「リーダーは俺に言いがかりをつけてるのか」「リーダーが言っていることはただの八つ当たりだろ」と反発につながる可能性もある。それは本末転倒である。

部下1人ひとりに損をさせたくない。

心の底から伝えれば伝わる。

部下1人ひとりをいち早く戦力化させるためにも、ぜひこの機会指導を導入してもらいたい。

Column

われら武人はもとより祖国のために生命を賭けますが、私怨などあるべきはずがありませぬ

―― 東郷平八郎 ――

意味……祖国のために戦ったわけであって、個人的な恨みやつらみはない

これはリーダーにも言える。

組織が成果を上げるために人材教育術、リーダーシップを発揮するわけで、そこに個人的な恨み、つらみ、欲などを持ってはいけない。

個人的な感情を優先させるのではなく、部下の感情に焦点を当てて最大のアウトプットを出させることがリーダーの仕事だ。

6

自動力

部下が自ら動き続ける装置をつくれ

27

3歩以上廊下を歩くな

時間は与えられない。どんな環境下でも時間をつくり出せ

走ってでも時間をつくれ

防衛大1学年には、「3歩以上は歩くな」、つまり、「3歩目には走れ」というルールがある。学生舎内でも、食堂へ行くときも、風呂に行くときも、部屋に戻るときも、常に駆け足だ。歩行が許されるのは、足を骨折した、など医師から歩行困難と診断された者だけだ。万が一にも歩いているのが見つかると、その際はもちろん機会指導で上級生から厳しく指導される。

防衛大の1学年は常に時間で管理されており、1日中時間に追われている。

例えば、6時30分起床。6時35分に日朝点呼、それから7時まで清掃だが、上級生からの指導により大抵7時までに終わらない。起床後の30分を指導によりまず奪われる。

その後、駆け足で食堂へ行き、5分で朝食を済ませ、8時5分の国旗掲揚までの間に制服のアイロンがけ、靴磨き、襟章磨きをする。制服はシワ一つ、ホコリ一つない仕上がり

でなければならない。靴は自分の顔が映るくらい磨くのが目安だ。襟章はピカールと呼ばれる研磨材入り金属磨きでピカピカに磨き、ハンカチもアイロンがきれいにかかっていなければアウトだ。

これらやるべきことを決められた時間内に100%できなければその日1日はとんでもないことになる。「時間がなくてできませんでした」。そんな言い訳が通用するほど甘くはない。時間内に100%やれることを確実にやる。それが指導されないための唯一の免罪符だった。

これらのタイムスケジュール全てを完璧に、しかも時間内に終わらせるためにまず最初に取り組むべきは「時間をつくり続ける」ことだ。

「3歩以上は歩くな」

とはつまりは、走ってでも時間をつくり出せということ。過酷な生活の中で、つくり出した時間はまさに命そのものだ。時間の重要性を1学年時には徹底的に教育される。

「足し算」「引き算」で時間をつくり出す

走って時間をつくるのは基本だが、防衛大の生活を通して学んだ、2つの時間のつくり方がある。

1．「足し算」……同時に複数のことをする
2．「引き算」……不必要なことをやめる

防衛大の2学年になると「陸」「海」「空」の各要員に分かれる。私が選んだ海上要員は海上自衛官の卵として、護衛艦と呼ばれる自衛隊の船に乗り、訓練を受けた。

護衛艦の中では水は非常に貴重なものだから、とにかく大切に使う。海のど真ん中で「水がなくなりました」という事態は絶対に避けなければならないからだ。

訓練開始前に指導教官から言われた言葉は忘れない。

「入浴時は桶1杯の水以外は使うな」

やってみると分かるがこれはかなり大変だ。石けんで体を洗い、流さずそのまま頭を洗う。シャンプーは使わない。体と頭を洗うのが終わったら、初めて水をかぶって洗い流す。

体も頭も同じ石けんで一度に洗い、言われた通りに桶1杯の水で洗い流す。桶1杯の水というルールも守れるし、体を洗いながら頭までも洗うというこの入浴方法は、何よりも時間の短縮につながった。

これは、1．の「同時に複数のことをする」の一例である。

私は一般企業に入社したころ、この時短術を「ニコイチ時間術」と名付けた。「時間はつくるもの」という防衛大時代の教えを忠実に守った。体に染み込んでいたのかもしれない。地下鉄で移動しながらメールのチェック、食事をしながら営業戦略を考えるなど、同時にできることはどんどん組み合わせて、時間をつくるように心がけてきた。

2．の「引き算」では、「これは今必要か」ということを常に自分に問いかけ、不必要だと思えば即排除する。やらなくてもいいことをやっていること、考えなくてもいいようなネガティブなことを考えることは、時間のロス以外の何物でもない。

仕事の基本は「決められた納期までにいかに100％のアウトプットを出すのか」ということ。もっと言うと、アウトプットをいかに100％に近づけるのかということだ。100％に近づけるためには、時間の確保は必須だ。無駄な行動を徹底的になくし、マイナスの感情も徹底的に排除する。

リーダーは自分だけでなく、部下にも仕事でアウトプットを出させる必要がある。もっと言うと、部下が成果を出せなければそれはリーダーが仕事をしていないことと同じだ。

仕事をするにあたって、時間ほど大切なものはない。「限りある時間は命と同じ」と言っても過言ではない。

リーダーは、まずは部下に時間をつくり出す習慣を身につけさせてもらいたい。そして、決められた時間までに最高のアウトプットを出すという意識を浸透させてもらいたい。

部下1人ひとりが決められた時間までに最高の成果を出すようになれば、それはチームとしてもリーダーとしても、最高の仕事をしていることと同じだ。

28

部下の居場所をつくれ

部下1人ひとりの居場所をつくれば……

ダメっ子の殻を破ってくれたドラゴン部屋長

これまでも紹介させていただいたが、リーダーの仕事は「部下のポテンシャルを最大限に引き出し、部下の力を借りて、組織として最高のアウトプットを出すこと」である。部下が力を発揮するかどうかは、リーダーの力にかかっている。リーダーが部下をうまくリードできなければ、部下1人ひとりがそのポテンシャルを発揮することはできない。採用困難な昨今であるからこそ、リーダーは部下のポテンシャルを最大限に引き出し、部下の力の最大化をはからなければならないのである。

このポテンシャルを引き出すことの大切さを教えてくれたのは、防衛大時代のドラゴン部屋長であった。

防衛大1学年のころの私は本当に「ダメっ子」だった。他の学生に比べ、アイロンがけや靴磨きは下手、時間の使い方は下手、さらには周りの迷惑にしかならないようなミスを犯し、同期たちの時間を奪ってしまうということも多々あった。

防衛大では、部屋変えが前期、中期、後期と1年に3回ある。部屋長になる上級生が下級生を選ぶ権利を持っていた。つまり、プロ野球のドラフト指名と同様に下級生を1名ずつ指名していく。

もちろん人気がある下級生は部屋の仕事が抜群にできる、いわゆる「デキっ子」たちだ。1学年の中期の部屋決めのときに、私はダメっ子の烙印を押されていたので、どの部屋長も取りたがらず最後まで残ってしまった。完全に指名漏れ状態である。

後で聞いた話だが、最後に残っている私をどこの部屋に入れるかということで「濱潟はどうする？」「俺は嫌だよ」などと、厄介者をどうするかということで大変もめたらしい。

そのとき、私を指名してくれたのがドラゴン部屋長だった。

ドラゴン部屋長は防衛大での生活で、完全に自信をなくしていた私にいつも話しかけてくれた。「今日はどうだった？」というなにげない話がほとんどだった。私はうれしかったこと、きつかったことなどを、1日の反省も交えながら、とても素直に話すことができた。

ドラゴン部屋長が、自分の経験も交えてアドバイスをくれることも多々あった。

ドラゴン部屋長は経験豊富で、親身になって聞いてくれるので、私も意見を聞いてみたり、アドバイスを求めたり、だんだんと打ち解けて前向きに物事を考えられるようになっていった。

あるとき、私のことを「ダメっ子」と呼び続ける別の部屋の2学年に対して「あいつのことをよく分かってないのにダメっ子などと軽々しく言うな」と注意をしていたこともあった。私は本当にうれしかった。

ドラゴン部屋長との対話を通じて、私は防衛大での安心できる居場所をつくってもらっていたのである。

防衛大1学年にとって自分の部屋は唯一の「安心できる居場所」になる。

ただ、全ての学生がこの「安心できる居場所」を確保できたわけではない。

中には部屋の外で上級生に指導され、部屋に戻ってきたら今度は部屋の上級生にも延々と指導される同期もいた。防衛大は完全全寮制なので、24時間寝食を共にする。24時間指導され続けると、どんなにストレス耐性が高い人でも精神的に参る。

自室で気が緩んだのか、つい後ろ向きの発言をした同期がいた。彼のその後ろ向きの発言が別の部屋の上級生に伝わり、翌日からとんでもないことになった。居場所をなくしたその同期はとうとう自主退校をした。

他にも居場所をなくし防衛大を去っていった学生は多数いる。中には将来優秀な幹部自衛官になることを夢見ていた学生もいた。

安心できる居場所を奪うということは、人の持っている可能性すら奪うということだと、防衛大1学年時に痛感した。

部下の居場所をつくるのはリーダーの役目

私自身も管理職になったときに、この「居場所」をつくるということは特に意識した。可能性を奪っていたら部下のポテンシャルなど引き出すことはできない。部下のポテンシャルを最大限に引き出して、その力を借りなければチームとして最高の成果を出すことなどできない。

そして、チームとして最高の成果を出していないということはリーダーとしての仕事をしていない、リーダーとしての仕事を放棄していることと同じなのだ。

ただ、中には「居場所は自分でつくるもの」という考えを持っているリーダーも多くいるだろう。

全ての部下が、自分の居場所は自力で確保する、ライバルがいるのであればライバルを蹴落としてでも確保するといった強い狩猟型の気持ちを持っていればよいのだが、現実問題、全員が全員そんなに強いわけではない。中には引っ込み思案の人間もいる。

リーダーは部下1人ひとりの可能性を広げる上でも、部下全員の居場所をつくってあげてほしい。

頑張りたいけれどなかなか成果が出ない、能力は高いけれどくすぶっている、といった部下もいるかもしれない。

だが、居場所さえあれば、くすぶっていた部下が輝き始めるかもしれないのだ。

そして、部下との対話を大切にすれば、誰でも部下の居場所をつくることはできる。部下1人ひとりに話しかけ、部下の話をよく聞き、笑顔でうなずいてあげてほしい。

私自身が、たまたまドラゴン部屋長から居場所をつくってもらえたので今がある。もし居場所をなくし、防衛大を退校していたら今の自分はなかった。

あなたの部下たちに安心できる居場所はあるだろうか。
あなたの部下たちは自己重要感を覚えながら仕事をしているだろうか。
そして、何よりもあなたのチームの部下1人ひとりは輝いているだろうか。

リーダーが安心できる居場所をつくると、部下1人ひとりの成長スピードは加速する。安心できる居場所があれば、部下たちの可能性は広がるのだ。安心できる居場所をつくり続ければ、部下1人ひとりの最大限のポテンシャルを引き出すことができるのである。

「今日1日どうだった？」。この言葉一つで、「ダメっ子」も「デキっ子」に変化していく。

部下1人ひとりが「安心できる居場所」を確保している組織は決して止まらない。最高のアウトプットを出し続けるのである。

29
本物のリーダーは上司も部下も勝たせる

上司の力を引き出せ

リーダーシップとフォロワーシップ

リーダーに必要な要素はリーダーシップだけではない。いざ、リーダーになるとリーダーシップだけでなくフォロワーシップも必要になる。

リーダーはチームを引っ張っていくlead（リード）に、フォロワー（部下）はチームを支えていくfollow（フォロー）に由来している。フォロワーシップとはリーダーを支える力と置き換えてもよい。

繰り返しになるがリーダーの仕事は「部下のポテンシャルを最大限に引き出し、部下の力を借りて、組織として最高のアウトプットを出すこと」だ。

企業の長である社長であれば思い切りリーダーシップを発揮して、組織として最高のアウトプットを出すことに専念すればよい。

ただ、組織の中のリーダーは社長だけではない。役員、部長、課長といった役職者もリーダーだ。彼らは部下に対してはリーダーシップを発揮する必要があり、上司に対しては最大のフォロワーシップを発揮する必要がある。

防衛大の例を挙げれば、最上級生の4学年は極端な話、リーダーシップのみを発揮すればよいが、下級生である3学年、2学年は、1学年へのリーダーシップもさることながら、4学年に対してフォロワーシップも発揮する必要がある。4学年がよりリーダーとしてのアウトプットを出せる環境を構築するのも3学年以下の下級生の仕事なのだ。

「上には忠実であるが決して迎合することはない」

これが防衛大で教えてもらったフォロワーシップの考え方だ。根本にあるのはリーダーを全力で支える。指示に対しても忠実である。ただ、決して迎合はしない。

リーダーである4学年に、ただ媚びるだけの3学年は馬鹿にされ、その反対に、ただ出しゃばるだけの3学年は軽蔑される。そして、このような3学年がいる隊は混乱する。

優秀な3学年や2学年は、いつも抜群のフォロワーシップを発揮していた。抜群のフォロワーシップを発揮した彼らは、4学年になったときに抜群のリーダーシップを発揮するのである。

フォロワーシップを発揮できないリーダーは、組織のアウトプットを最高にするためのリーダーシップを発揮できない。

一般企業でも同じだ。社長にただ媚びへつらうだけの管理職はリーダーとしての力を発揮できない。

リーダーはビジョンやミッションを持ってチームをリードする。フォロワーはそのビジョンに全力で従う。そして、リーダーがビジョンやミッションからズレたときは、リーダーを修正するのもフォロワーの仕事だ。全ては組織のアウトプットを最高にするためだ。自分の上司を勝たせ、自分の部下も勝たせた結果生まれるのは組織としての最高のアウトプットだ。

そのために必要なものがフォロワーシップなのである。

リーダーの考えや判断、選択がいつも正しいとは限らない

防衛大で学んだ「上には忠実であるが迎合するな」というフォロワーシップの考え方を一般企業に置き換えると、「上司を全力で支えて、組織が最高のアウトプットを出すことを最優先に掲げ、判断力、行動力を磨き上げる」ということになる。

防衛大の上級生もそうであったが、一般企業にも様々な上司がいた。

全てが自分とフィーリングの合う上司であればよいが、そんなことはほとんどない。器が小さな上司、プライドがやたらと高い上司、部下の手柄を横取りする上司、結果しか見ない上司、ハラスメントをする上司……と、挙げ出したらキリがない。

このような上司の下だとしても、1人でも部下を持つリーダーになったのならば組織としての最高のアウトプットを出すことのみを考えなくてはならない。

フォロワーシップを発揮するために、最初にやらなければならないことは「上司を知る」ということだ。

よく知らない上司に対してフォロワーシップを発揮することはできない。よく知らない人同士が仕事を共にしてもそこにはストレスしか生まれない。

寡黙で多くを語らない上司が、実は壮大なビジョンを持っていた。我が強いと思っていた上司が、実は部下のことを誰よりも考えていたなんてことは往々にしてある。

フォロワーはこの「実は〇〇だった」というところを知る必要がある。

とはいえ、それが分かれば苦労しない、簡単に分からないから苦労している、というフォロワーもいると思う。実際に研修先の企業の中間管理職にもそういうフォロワーは多くいる。

そのような方には、次の3つのことを3カ月続けてみることをお勧めしている。

①上司に関心を持つ
②上司が周囲の人に対してどのように接しているのかを観察する
③毎日1回は1対1のコミュニケーションを取る

この3つは誰でもできる。

まず、上司に関心を持たないことには何も始まらない。関心を持つとは、言い換えれば興味を持つということだ。とことんまで興味を持って観察することをお勧めする。上司がどのような話で喜んでいるのか、上司が朝一番どのような表情で出社してくるのか、といったことを、まずは興味を持って観察してもらいたい。

次に、上司が周囲の人に対して、どのように接しているのかということを知る必要がある。これは上司の性格を知る上で、本当に効力を発揮する。部下の成果を褒める上司は、頑張る部下が好きであるし、周囲のご機嫌を取ろうとする上司は、自分に対しても機嫌を取ってくれる部下が好きだ。

そして、最低でも毎日1対1のコミュニケーションを取ってみる。これは上司との距離を縮めることに有効だ。接触回数の積み重ねから信頼関係は生まれる。上司もあなたのことを身近に感じるはずだ。

これらを行うのは、リーダーであるあなたには組織として最高のアウトプットを出すという責務があるからだということを忘れてはいけない。そのためには、上司の力も借りねばならない。上司の力を引き出すために必要なものがフォロワーシップだ。

優秀なリーダーは抜群のフォロワーシップを持っている。

30 新人には とにかく マネをさせろ

最初はマネして、後からオリジナリティを発揮するほうが成長が速い

新人はマネることが大事

新人にもいろいろあるが、いわゆる新卒の新入社員であれば、まずは教えるというよりはデキる先輩のマネを徹底的にやらせることが一番良い。

これは防衛大1学年時に痛いほど実感した。

防衛大には次のような標語がある。

「模倣実践の1学年」

模倣実践とは、とにかくマネをして、そのマネの実践を繰り返し続けることだ。実践を繰り返しながら自分たちで創意工夫も行っていく。1学年時にはとにかく上級生のマネをすることを徹底させられる。マネすらできない学生は「ダメっ子」と呼ばれ、マネができるまでとことん指導される。

そして4学年の標語は「率先垂範」である。徹底的に下級生を引っ張っていく。

つまり、1学年時にマネをして防衛大でやっていけるだけの基礎力を身につけ、4学年時、リーダーになったときに徹底的に下級生を引っ張っていくというリーダー育成課程なのだ。

企業で言えば、挨拶、電話の応対の仕方から会社案内に至るまで、全部マネをさせるのである。社内のロールプレイングだけでなく営業にも連れていき、一言一句マネさせる。あとは自分が営業したときにだんだん分かってくるので、自分なりにカスタマイズしていくことになる。そしてキャリアを積んでいき、リーダーになったときには部下を徹底的に引っ張っていける。

ちなみに、「学ぶ」と「真似《まね》る」はもともとどちらも同じ「真似ぶ（まねぶ）」という言葉が語源だという。「真に似せる」の意味から「真似る」となったのだろう。「誠に習う」から「学ぶ」が生まれたとも言われている。習うの「習」という漢字は、ひな鳥が羽をバタバタと動かして飛び方を習うことから生まれたので、繰り返し練習するという意味もある。

防衛大では、入校したときは全くリーダーシップを発揮できなかった学生でも、卒業時には立派なリーダーとなっている。その背景にあるのが1学年時に徹底的に上級生のマネをすることにより身につけた基礎力なのである。

基礎力がない者に応用力はない

防衛大では「私は人のマネをするのは嫌です」「自分のやり方でしました」なんてことを口にする1学年はまずいない。その先には当然強烈な指導が待っているし、そもそも入学前の生活と違いすぎて、先輩のマネをせねば生き抜けないからだ。そして1年間で徹底的に身につけた基礎力がなければ、将来、幹部自衛官として優秀なリーダーにはなれない。

だが一般企業になると、ごくまれに全くの新人がエッジの利いた発想を提案することがある。それがいいアイデアで、周囲もやってみてうまくいくようなら、その発想を取り入れることもないわけではない。そのような新人がいれば本当にありがたい限りだ。

しかし、仕事には100%うまくいくという保証はない。エッジの利いた発想を追い求めることも大切ではあるが、まずはビジネスパーソンとしての基礎力を身につけさせねばならない。

まずは、上司のマネをしてみて、得意先でそのマネを試してみて、うまくいけばそのまま使えばよいが、お客さまも千差万別である。全てがうまくいくことはない。

うまくいかなければ、そこからは自分で創意工夫をする必要がある。この創意工夫の連続は新人にとって貴重な経験となる。経験から生まれるエッジの利いた発想は、より効力を発揮するし、現実的なものになる可能性も高まる。

ＡＢＣＤ段階の仕事があるとすれば、Ｃランクまでは基礎力で何とかなる。そこからＢランク、Ａランクに行くには、いずれにせよ自分たちでどうにかするしかない。しかし、基礎力がなければ、ＤランクからＣランクにも行けない可能性がある。Ｃまではマネで何とでもなる。

基礎力とは会社の内部留保と似ている。いくらやりたいことがあっても、お金がなければできない。会社というものはお金がなくなれば倒産する。基礎力がなければ、より難易度の高い仕事をするときに、必ずと言っていいほど行き詰まる。良いアイデアがあっても、お金がなければそれはできないことと同じだ。

ということは、ある一定以上、絶対に倒産しないところまでお金を貯めるということも企業の基礎力と言える。Ｃランクまでマネをするということとは少し違うかもしれないが、人の基礎力を企業の基礎力にたとえればそのような感じになるかと思う。

お金のない会社が東証１部上場企業のようなことをやりますと言っても、その多くはうまくはいかない。でも、上場企業がやるというのならうまくいくかもしれない。その差である。

いずれにしても、基礎力なくして応用力はつかないのだから、新人は「模倣実践」に専念するのが一番いい。

マネだけで最低限のことができる人間はつくれる

防衛大では、「マネ」によって最低限やっていける人間をつくる。

使い物にならないままでは絶対に終わらせないというスタンスがある。

2対6対2の法則で、マネして最低限できるようになる人は6割の中に入る。マネしないで突拍子もないことをやったり、チームの輪を乱したりする人間は、下位の2割に大体入っている。**結局、マネできない人間は協調性がない**のである。

実務経験者はその限りではない。他の会社で10年営業をやっていたという人が、「マネなどできません」と言うなら、それはそれでいい。ただ新人は、最初はマネして、その後、自分のオリジナリティをどんどん入れていったほうが、成長スピードは確実に速い。

31

継続こそが力なり

リーダーが習慣化すべきたった一つのこと

なぜ乾布摩擦を毎朝続けるのか

私が在籍していたころ防衛大では、毎朝6時30分に起床して6時35分から各大隊約400名が舎前と呼ばれる寮の前の広場に整列し春夏秋冬を通して1年中、上半身裸で「乾布摩擦」を行う。春夏秋はまだよかったが、冬は寒くて寒くてしようがなかった。手は凍えてカチカチになり、鳥肌は立ちっぱなしだ。

毎日、乾布摩擦をやることに何の意味があるのか分からず、あるとき、同部屋の上級生に乾布摩擦を行う理由を聞いてみた。

「幹部自衛官は健康体でないと務まらない。乾布摩擦でちょっとやそっとじゃ風邪など引かない強靭な体をつくることができる。ただし、毎朝続けないと意味がない。ということで明日も氷点下だが乾布摩擦を全力で行う」

毎朝、たった3分で強靭な体になるとは驚いたが、「毎朝続けないと意味がない」という言葉は妙に腑に落ちた。確かに、2、3日乾布摩擦をやったところで効果は出ないが、途中でやめると効果が出ないばかりか、それまでの努力も無駄になる。「継続してやること」で効果が出るなら、やるしかないのである。

「継続してやるべきこと」は習慣化させる

防衛大時代の乾布摩擦ではないが、一般社会でも継続して行ったほうがよいことは多くある。健康管理のためのウォーキングや、ランニング、営業担当なら顧客フォローや新規営業電話などがそれにあたるかもしれない。

私のルーティンは朝6時に起きて、冷たい水を飲み、さらに冷たい水を浴びながら歯を磨くことだ。最後にお湯を浴びる。全部で2、3分の工程である。それから愛犬の散歩に行く。

前の日に何時に寝ようが、毎朝、起きる時間は変えない。

これらは私のプライベートルーティンだが、仕事においても、どんなことでもルーティン化は可能だ。

しかし、中には初めのうちは継続化することが難しいものもある。

例えば、営業担当なら「見込み客のフォロー」や「新規企業の開拓」など、継続すれば売上増加に貢献することは間違いないが、日々、あらゆる業務に追われているとつい忘れてしまい、今日はできなかったということになる。

このような業務を毎日継続するコツは「仕組み化」することだ。

私はGoogleカレンダーを利用して、「継続してやるべきこと」をルーティン化している。

ポイントは、毎日決まった時間に「継続してやるべきこと」をねじ込むことだ。

1年先、2年先でもカレンダーに残るだけでなく、手帳に書き込む手間も省け、時間が来ればプッシュ機能で連絡してくれるので、手帳のように開いて見なければ忘れてしまうということがない。クラウド上の無料ツールでPCだけでなく、スマホからでも記入できるし、複数名で共有することもできる。このツールはお薦めである。

継続してやるべきだと思ってはみても、習慣化させるまでには時間がかかるかもしれない。そんな人へお勧めしているやり方がある。

「すでに習慣化されている行動、または、すでにルーティン化されている行動」と、これから「習慣化させるべき行動」という2つの行動を組み合わせることだ。

例えば、子供に歯磨きを習慣化させたいとすればこうだ。

「食事が終わったら自分で皿をシンクへ下げに行き、そのまま台所で歯磨きする」動作に落とし込むと習慣化しやすくなるのでこのやり方はお勧めだ。

周囲を勝たせる仕事をする

リーダーは「部下に発信をし続ける」ということを習慣化する必要がある。
自分の気分に左右され、発信をやめたりすることは論外だ。
そして、発信した事柄、言葉は決してブレてはならない。
つまり、自分の発言と違う行動を取ってはならない。
私が前職時代に掲げていたことは、

1. お客さまに満足してもらって
2. お客さまに選ばれて
3. メンバー全員の幸福を追求する

ということだ。

とにかく発信し続けた。部下1人ひとりが無意識的に考えるレベルになるまで発信し続けた。そして、同時に全員で追求もし続けた。

あるとき、1人の部下が言った言葉が忘れられない。

「お客さまを勝たせなきゃいけないですよね」

お客さまに喜んでもらうだけでなく、さらに勝たせ続けなければいけないと言うのである。

要するに、お客さまを勝たせるとは、お客さまの業績向上の役に立たなければいけないということである。

この基本的姿勢は、対象がお客さまでも、上司でも、単に周囲ということであっても同じである。一言で言えば、「周囲のために頑張る」ということだ。

「上司を勝たせる」とは、会社の中で自分の上司の評判を上げ、上司の出世の役に立つことでもある。上司が出世をすれば、部下である自分の権限も増えるかもしれない。

しかし、ここで言いたいのは、いずれ自分に利益が返ってくるであろうから、周囲に良くするというご利益祈願のようなことではない。

他者を満足させることによって、自らが満足することができるという、「自利利他」を言いたいのである。

他者が利すれば、自分が利するということだ。

例えば、松下電器産業（現パナソニック）の創業者、松下幸之助氏のいわゆる「たらいの法則」である。たらいに入った水を手で自分のほうにかくと、水はたらいをつたって外側に逃げていってしまう。反対に水を前に押し出すようにかくと、水はたらいをつたって自分のほうに返ってくる。

会社の経営でも同じことが言えるだろう。売上ばかりを重視すると、良くない結果になるが、お客さまや社員など会社に関わる人たちを大切にする経営を貫くと、回り回って良い業績を生む。

リーダーは、「周囲を勝たせる」ことに重きを置いて部下に発信し続けてほしい。

そうすれば、部下もリーダーも大きく成長し、お客さまにも、ひいては全人類の幸福にも貢献できるはずだ。仕事をする上で、これほどの幸せはない。

Column

君は舟なり、人は水なり。
水はよく舟を載せ、
またよく舟を覆す

――『貞観政要』より――

意味……リーダーは舟で部下はそれを支える水だ。リーダーは部下に支えられていることを片時も忘れるな

管理職になったばかりのときに「やり方」だけを部下に言っていた。全く浸透しなかったばかりか、優秀な人材は次々に辞めていった。

こちらからの一方通行で部下に指示を出していたからだ。それでは、組織としての最高のアウトプットは出ない。そんなときにこの言葉と出会った。

部下に「やり方」をどうこう言う前にまずは自分が「部下たちに支えられている」ということを強く認識する必要がある。

私は、まずは残ってくれている部下に感謝をしよう、と心の底から思った。一方通行では駄目だ。

組織は１人では回らない。何よりも強い組織は１人ひとりが最大のパフォーマンスを発揮しているものなのだ。

おわりに

本書では、リーダーの仕事を「部下のポテンシャルを最大限に引き出し、部下の力を借りて、組織として最高のアウトプットを出すこと」と定義した。

1人でも部下を持つリーダーになった瞬間に役割と責任は変わる。部下の力を借りて、組織として最高のアウトプットを出す必要がある。全ては組織として生き残るためだ。

職業柄、多くの経営者や中間管理職をはじめとする世のリーダーと会う機会が多いが、「個の能力」が高いリーダーほど、部下に対して求めるものが大きく、人材育成や部下とのコミュニケーションで悩んでいる。

防衛大に入校する若者のほとんどが入校時は普通の学生だった。特にリーダーシップがあるわけでもない。しかし、4年間のリーダー教育を受け、卒業時にはみな立派なリーダーになっている。

防衛大の過酷な学生生活から学んだことは、「不可能なことはない」ということだ。どんなに困難なことや理不尽なことがあったとしても、同期をはじめとする今いる学生たちで力を合わせ乗り越えていく。自分一人ではとてもではないが乗り越えられないような壁も、力を合わせれば乗り越えることができる。乗り越えるために全ての学生たちが今持っている自分たちの力を最大限に発揮していた。


これは一般企業でも言えることだ。

私が初めて管理職になったのは、100年に一度の経済危機と言われたリーマンショックの後遺症をまだまだひきずっている時期だった。

生き残るために会社はリストラ、減給を行った。会社というものは営利組織である以上、お金がなくなれば生き残ることはできない。当時の経営幹部たちも苦渋の決断だったと思う。優秀な社員はもっと評価してもらえる環境を求め、自主退職していった。残った部下と言えば、過去に2回リストラ宣告をされた者、給与が下がりモチベーションがダダ下がりの者、今の状況を自分ではなく常に周囲のせいにする者など散々だった。

ただ、そんな中でも一つの組織を任された以上は最高のアウトプットを出さなければならない。それがリーダーの役割と責任だからだ。

どんな部下かなんてことは関係ない。

今いる部下たちを嘆いたとしても組織として強くはならない。今いる部下たちのポテンシャルを最大限に引き出す必要があった。そしてその部下たちの力を借りる必要があった。

そんなときに思い出したのが防衛大での経験だった。防衛大では、どんな学生も卒業するときには優秀なリーダーになっていた。ならば、どんな部下だってリードする側の手腕一つで優秀な人材に変わるはずだ。

そんな思いで、組織運営を行い、部下1人ひとりと接してきた。

結果的に2年間で部下1人あたりが上げる利益が2・4倍になった。何よりも全ての部下が見違えるように成長した。こう言うと偉そうに聞こえるかもしれないが、ただ本書に書いた防衛大で学んだことを愚直なまでに実践していっただけだ。

リーダー一人の力では組織として最高のアウトプットは出せない。「やり方」ばかりを教育しても肝心の「在り方」がしっかりとしていなければ組織は衰退する。組織に属する全ての人と組織の「在り方」にとことんまでこだわり、共有し、組織を自分たちの掲げる理想的な姿にデザインしていく必要がある。

本書があなたの組織を理想の形にデザインするための一助になればこれほどうれしいことはない。

最後になるが、本書の執筆にあたり多くの方々からご指導、ご協力をいただいた。私からのしつこい質問にも丁寧に答えてくれた防衛大関係者の皆様、編集担当である片野さんをはじめとする幻冬舎の皆様、改めてお礼を申し上げます。ありがとうございました。

そして本書を通じてのあなたとのご縁をうれしく思います。ご感想はぜひ下記のメールアドレス宛てにいただければ幸いです。【info@ne-mission.com】

最後までお読みいただきありがとうございました。

２０１７年12月

濱潟好古

〈著者プロフィール〉
濱潟好古（はまがた・よしふる）
組織マネジメント・人材育成コンサルタント。株式会社ネクストミッション代表取締役。1982年生まれ。防衛大学校卒業後、海上自衛隊幹部候補生学校を経てIT系ベンチャー企業に営業職として入社。入社2年目から5年目まで売上No.1営業マン。6年目に営業部長に就任後は「今いる部下を一流に」をモットーに中堅、新人にかかわらず全ての営業担当に目標予算を達成させる。独立後は企業を対象に組織マネジメント、リーダー研修を行うほか、雑誌、ネットメディアで活躍。著書に『防衛大で学んだ無敵のチームマネジメント』（日本実業出版社）、『何があっても必ず結果を出す「防衛大」式最強の仕事』（あさ出版）がある。
【本書のご感想はこちらまで】info@ne-mission.com

防衛大流
最強のリーダー

2017年12月20日　第1刷発行

著　者　濱潟好古
発行者　見城 徹

GENTOSHA

発行所　株式会社 幻冬舎
〒151-0051　東京都渋谷区千駄ヶ谷4-9-7
電話　03(5411)6211(編集)
03(5411)6222(営業)
振替　00120-8-767643
印刷・製本所　中央精版印刷株式会社

検印廃止

ISBN978-4-344-03231-6　C0095
幻冬舎ホームページアドレス　http://www.gentosha.co.jp/

この本に関するご意見・ご感想をメールでお寄せいただく場合は、
comment@gentosha.co.jpまで。